聪明人是怎样管理时间的

斯凯恩◎著

CONGMINGREN SHI ZENYANG
GUANLI SHIJIAN DE

 立信会计出版社
LIXIN ACCOUNTING PUBLISHING HOUSE

图书在版编目（CIP）数据

聪明人是怎样管理时间的/斯凯恩著.--上海：

立信会计出版社，2017.1

（去梯言）

ISBN 978-7-5429-5249-3

Ⅰ.①聪… Ⅱ.①斯… Ⅲ.①时间－管理－通俗读物

Ⅳ.①C935-49

中国版本图书馆CIP数据核字(2016)第256069号

策划编辑　蔡伟莉

责任编辑　何颖颖

封面设计　久品轩

聪明人是怎样管理时间的

CONGMINGREN SHIZENYANG GUANLI SHIJIAN DE

出版发行	立信会计出版社			
地　　址	上海市中山西路2230号	邮政编码	200235	
电　　话	（021）64411389	传　　真	（021）64411325	
网　　址	www.lixinaph.com	电子邮箱	lxaph@sh163.net	
网上书店	www.shlx.net	电　　话	（021）64411071	
经　　销	各地新华书店			

印　　刷	北京柯蓝博泰印务有限公司		
开　　本	720毫米×1000毫米	1/16	
印　　张	14.5	插　　页	1
字　　数	148千字		
版　　次	2017年1月第1版		
印　　次	2018年6月第7次		
书　　号	ISBN 978-7-5429-5249-3/C		
定　　价	36.00元		

前　言

　　每个人都希望自己的人生能获得更多的成功和幸福。遗憾的是，人生苦短。每个人都会"活到死"，却不是每个人都会"活到老"。即使能够"活到老"，也依然不会有充裕的时间去慢慢地追求成功，去慢慢地享受幸福。

　　你会发现，在与这个世界 say bye 之前，如何管理好自己的时间，才是人生获得更多成功与幸福的关键，而且很可能是唯一的关键。

　　《聪明人是如何管理时间的》介绍了一套能清晰地整理时间的有效框架，这套框架包含三个相互独立的方法，以及综合应用它们的各种情景。不管你是在家庭、政界、商界、学界，还是在企事业单位，所有高、中、基层职场人士，所有不用坐班的自由职业者，只要你渴望效能的提高，渴望拥有人生的控制权，渴望超越平凡，渴望获得更多的成功和幸福，就都会从本书中受益。

为什么要像聪明人一样管理时间？

　　我们都希望在工作中能有卓越高效的业绩表现，能被领导赏识，能被属下信服，能让同事信任。要做到这些，有两个标准，一个是效率，一个是效果。怎样才能有效率地完成各种任务，而且能不负众望地产生好的效果呢？

我们希望能在面临谈判、分配任务、开会、带父母旅游、听恋人倾诉、读一本书、写一篇文章等繁琐的事务时，能用"快刀斩乱麻"的方式予以解决，能以"秋风扫落叶"的姿态潇洒处理，可是没有三头六臂的你，怎样才能做到呢？

我们还希望，能在不远的未来成就不可替代的自己，能在当下的此刻不只是看上去努力，可一旦面临现实，又发现根本就无力改变，只有顺从。人人都想开始一段告别平庸的旅程，可是，如何迈出第一步呢？

答案就是学习时间管理学，像聪明人一样管理时间。

时间管理的思想和概念

为了帮助大家快速理解本书的框架，我想讲三个故事。

第一个故事是关于作家海岩的。他为人所知的作品全是大部头，其中还有些被拍成著名的电视剧，如《便衣警察》《一场风花雪月的事》《永不瞑目》《拿什么拯救你，我的爱人》《玉观音》《平淡生活》《深牢大狱》《你的生命如此多情》等。很少有人知道海岩并不是一名全职作家。他是锦江集团有限公司副总裁，锦江管理有限公司董事长、总经理，北京昆仑饭店有限公司董事长，旅游饭店业协会会长……这其中任何一个头衔，都够一般人拿出全部精力干一辈子的，可是他怎样抽出时间写出这么多引人入胜的作品的，其"高产"足以让一个专业作家惭愧？难道上帝给予海岩的时间更多吗？大家都知道不是的，每个人都拥有一天的 24 小时，而成就却不如海岩的小小一角。为什么？

第二个故事。畅销书《绘画心理学》的作者，是心理咨询师一沙，他讲过他的客户 Tom 的故事。Tom 是个部门领导，一早到办公室，就先处理了当天的例行事务，然后准备用剩余的时间，全力以赴部门的季度工作规划。进行到一半时，下属 Jerry 约他到会议室，问该如何处理一个棘手问题。Tom 说考虑之后给答复。随后的半个小时，他无法继续专注地拟定季度工作规划，但也想不出如何答复 Jerry 的问题。这时，老板 Mike 打电话让他去开个临时的工作碰头会。会议开到下班后才散，Tom 整理了一下会议要点，发现第二天待处理的事情又多了几项。至于当天没有完成季度工作规划，他准备带回家再做。第二天走进办公室，迎头碰见 Jerry，他问："昨天的事情，你考虑得怎么样了？" Tom 的心情瞬间变得糟透了，就像吃了一只苍蝇……勤奋的经理人 Tom，他的时间都去哪儿了？

第三个故事。教授在讲桌上放着一个大铁桶，旁边还有一堆拳头大小的大石块。教授把大石块一一放进铁桶里，装满后问："现在铁桶是不是再也装不下什么东西了？"学生们异口同声地回答："是"。随后，教授不紧不慢地从桌子底下拿出了一小桶碎石，抓起一把，放在已装满大石块的铁桶表面，然后慢慢摇晃，然后又抓起一把……不一会儿，这一小桶碎石全装进了铁桶里。"现在铁桶里是不是再也装不下什么东西了？"教授又问。"还……可以吧。"学生们变得谨慎了。"没错！"教授一边说一边从桌子底下拿出一小桶细沙，倒在铁桶的表面，然后慢慢摇晃……铁桶的表面就看不到细沙了。"现在铁桶装满了吗？""还……没有。"学生们心里开始没底。"没错！"教授说着从桌子底下拿出一罐水。他慢慢地把水往铁桶里倒……水罐里的水倒完了！教授微笑着问："这个小实验说明了什么？"一个学生站起来说："它说明，你的日程表排得再满，都能挤出时间做更多的事。""有点道理。但你还是没有说到点子上。"教授顿了顿，说："如果你不是首先把大石块装进铁桶里，就再也没有机会把大石块装进铁桶里了，因为铁桶里早已装满了碎石、沙子和水。而当你先把大石块装进去，铁桶里会有很多你意想不到的空间来装剩下的东西。在以后的管理生涯中，你们必须分清楚什么是大石块、碎石、沙子和水，并且总是把大石块放在第一位。"

现在，我想再讲三个故事。这三个故事，分别折射出了时间管理学的三种思想、三种方法。

第一个故事，讲的是思考与暗时间——Thinking and Dark time。一个人用三十分钟吃了一顿饭，这部分时间是看得见的，叫明时间。他在吃饭的时候酝酿出了下午开会的发言提纲，这个"酝酿"的过程是看不见的，他花的是"暗时间"。暗时间就是用于思维活动的时间。善于利用思维时间的人，可以无形中比别人多利用时间，从而实际意义上能比别人多活很多年。你能看到别人在同样的年龄获得了比普通人多得多的成功和幸福，你不知道的是他如何有效利用了他的暗时间。亚洲微软研究院的刘未鹏在《暗时间》一书中系统阐述了他的这一思想。

第二个故事，讲的是时间的主动权——The initiative。人的时间可以分为主动时间和被动时间，主动时间是自己有权支配的时间，被动时间是被周围的人和事支配的时间。如果不善于处理与周围的人和事的关系，你的主动时间就会被一点一点地侵蚀为被动时间，你对自己的生活和人生就丧失了控制权。这种时间管理的思想有一个有趣的名字叫"别让猴子跳回背上"，是美国效率专家安肯三世第一个阐述出来的，书名就叫《别让猴子跳回背上》。

第三个故事，讲的是事件排序。按照事件的重要性和紧急程度，可以把要做的任务排列出一个优先顺序，先安排时间去做优先级别最高的事，就能保证人生最重要的目标得以实现。这种时间管理的思想叫"要事第一"——First thing first，管理大师柯维在《高效能人士的 7 个习惯》里阐述了这种思想及其应用的要点。

本书能帮助你解决哪些问题？

本书提供了一个系统的分析框架，它是当前时间管理和效率学领域三个主要思想成果的整合性应用。它能够激活你头脑中支离破碎的相关知识和经验，让你在面临现实问题时，可以在大脑中补充完善成为一个完整的解决方案。你不会再因为要管理时间而成为时间的被动者。

本书将提高你思考的能力。学会图像化思考、分类思考、深度思考、潜意识思考，提高结构化思维能力，思考全、准、快、久，在同样的时间里能创造更多的成就。

本书将优化你处理人际关系的技巧。教你从时间的角度重新看待授权、批复、汇报、请示、合作等日常工作，分清有效社交与无效社交，操纵周围的人和事而不被其操纵，从而争取更多的主动时间，掌控自己的人生和一天 24 小时。

本书将培养你"要事第一"的能力。如果你明白每件事的价值，就不会在时间分配上犹豫不决。你之所以陷入了忙碌、盲目、茫然的状态，是因为决断不清，而决断不清是因为价值不明。

本书适合的读者对象

一个人不想改变现状，有三个可能的原因：一是对现状感到满意；二是已经习惯了安于现状；三是不知道如何改变，因而放弃想的念头。

如果你想改变现状，《聪明人是如何管理时间的》就是你行动前理想的参考书。最主要的是，它能够帮你下决心改变。

无论是哪一种现状，上述结论都成立。因为人生的任何状况，无一不是发生在时间长河中的。

本书的学习效果

本书作为一门课程，其讲义已经修订升级过三次，在大学课堂和企业培训中，开设了一年有余，受训学员超过 800 人。

学员们的满意和好评，促使我决定把讲义写作成书。

如果你恰有相关的困惑，那我相信本书一定可以帮到你。

目 录

Chapter 01

聪明人把重要的事放在第一位

　　每天有许许多多的事情等着我们去做，如果我们不分主次地进行工作，那么到头来我们不仅"丢了西瓜"，很有可能会连"芝麻"也没有捡到。使一些本来可以"生出效益的时间"白白地浪费掉。

　　聪明的人，知道如何分清轻重缓急，如何提高自己办事的效率。要想掌控你的工作，就要分清轻重缓急，这样工作才能举重若轻。

偷走时间的盗贼

　　企管专家马可·麦西尼曾说过一个小故事：

　　想象你有一个户头，每天有 86 400 元可供你随意使用。不过，每天晚上 12 点以后，不管你有没有花完，都会自动归零，隔天又存入 86 400 元。如此周而复始。

　　若这个户头是你的，你会怎么做？一定是想尽办法，充分利用每 1 元钱，甚至会想办法把这些钱转投资成其他资产吧？

事实上，每个人都有一个这样的户头，只不过存取的不是金钱，而是时间，每天存进 86 400 秒，只能提取，不能增加。

现在，你知道该怎么做了吗？

无论你从事什么工作，时间就是你要计划、安排的对象。你应该意识到一个严重的事实：不知道你都闲置了多少时间。

不要以为那些忙忙碌碌的高级经理们都很清楚时间的价值。他们在时间安排上并不如你想象的那么完美。

一家咨询公司在给一个知名企业做咨询的时候，曾认真地记录了该企业总经理一周工作的实际情况。很遗憾，每天的时间都不是他自己能够控制的，而更糟糕的是在这一周，他进行的与业务有关的工作共有两次，总共不超过 30 分钟。真的是令人吃惊！

无论走到哪里，我们都会听到一种抱怨："只要我有更多的时间，我就会……"当问到人们喜欢更多地拥有什么东西，你会得到各种不同的回答：金钱、假期、爱好、教育等。再向他们发问，什么才能使他的生活更轻松，您会得到更加一致的答案："我需要更多的时间！"

究竟你的时间跑到哪里去了？据时间管理学研究者发现，人们的时间往往是被下述"时间窃贼"偷走的。

1. 找东西

据对美国 200 家大公司职员做的调查，公司职员每年都要把 6 周时间浪费在寻找乱放的东西上面。这意味着，他们每年要损失

10% 的时间。对付这个"时间窃贼"，有一条最好的原则：不用的东西扔掉，不扔掉的东西分门别类保管好。

2. 懒惰

对付这个"时间窃贼"的办法是：使用日程安排簿；在家居之外的地方工作；及早开始。

3. 时断时续

研究发现，造成公司职员浪费时间最多的是干活时断时续的方式。因为重新工作时，这位职员需要花时间调整大脑活动及注意力后，才能在停顿的地方接着干下去。

4. 惋惜不已或白日做梦

老是想着过去犯过的错误和失去的机会，唏嘘不已，或者空想未来，这两种心境都是极浪费时间的。

5. 拖拖拉拉

这种人花许多时间思考要做的事，担心这个担心那个，找借口推迟行动，又为没有完成任务而悔恨。其实在这段时间里，他们本来能完成任务，而且应转入下一个工作了。

6. 对问题缺乏理解就匆忙行动

这种人与拖拉作风正好相反，他们在未获得一个问题相关的充分信息之前就匆忙行动，以至于很多时候都需要推倒重来。这种人必须培养自制力。

7. 分不清轻重缓急

即使是避免了上述大多数问题的人，如果不懂得分清轻重缓急，也达不到应有的效率。

请对照一下上面的内容，看看有哪些时间的盗贼，正每天与你朝夕相伴？

你是哪种人

月有阴晴圆缺，人有悲欢离合，事有轻重缓急。

事情的轻重缓急，可以综合起来用数学坐标系来表现。我们以紧急与否为横坐标，重要与否为纵坐标，就可以把我们所有的事件填充进平面坐标系的四个象限里。

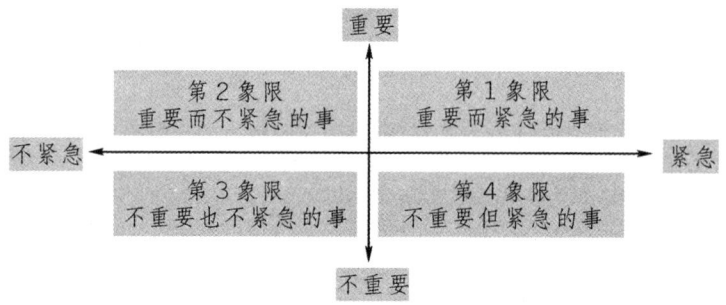

每个象限的事情，都具有不同的特征。

1. 第一象限是重要又紧急的事

诸如处理突发的危机事件、完成有时间要求的工作计划、处理事关全局的急迫问题等。

2. 第二象限是重要但不紧急的事

诸如长期的规划、问题的发掘与预防、参加培训、友情与团队的感情投资等，与生活品质有关的事项有很多属于此类，例如带孩子郊游、回家陪父母等。

3. 第三象限属于不紧急也不重要的事

诸如上网逛淘宝、阅读令人上瘾的无聊小说、看肥皂剧、聊八卦新闻、玩手机游戏等，这类事情的特点是：不做没有什么负面结果，现在做和未来做没有什么差别。

4. 第四象限是紧急但不重要的事

诸如接听电话、参加应付差事的会议、突来访客、例行事务等都属于这一类。

你把时间花在哪里，决定了你是什么样的人。按照事情轻重缓急的四个象限，可以把人分成四种。事实上，所谓的成功和失败也因此而来。

1. 保健医生型的第二象限人

如果一个人的大部分时间都用于处理第二象限的事情，那他就是一个典型的计划型人才，他会在事情还没有迫在眉睫之前，有预见性地制定对策，预防危机的发生，或者未雨绸缪地做好统筹规划。

这种工作方式很像保健医生。医生在门诊看病的时候，不知道下一个病人是谁，也不知道下一个病人的病情是什么，他们是遇到什么病情，就诊治什么病。当医生提供私人保健服务时，他会根据客户的身体状况，以及他将要身临的情景，预防性地给出建议和方案，防患于未然。例如你要在冬季去北方出差，保健医生会提醒你穿上厚厚的棉衣，带上润喉片剂、感冒药、治冻伤药等。

第二象限的事情，重要但却没有紧迫的时间压力，因而能让人有时间进行深思熟虑，是发挥个人大脑潜能和决策能力的重要领域。中高层管理者和追求卓越的职业人士，应尽可能把自己的时间留出来用于处理这一象限的事务。

2. 救火队长型的第一象限人

第一象限的事情有两个主要来源：一是突发性的重要事务；二是延误性的重要事务，这类事务是因在第二象限是没有得到及时有效的解决演变而来。

偏重此象限的人是"救火队长"式的大忙人，他们每天都在处理既紧急又重要的事，看上去是工作现场须臾不可离开的骨干，事实上他们承受着最大的压力，是超负荷运转的陀螺，他们有时能够挽狂澜于既倒，有时却只能收获微乎其微的工作成效，而更多的时候却可能顾此失彼，漏洞百出，遭遇别人的指责和非议。

第一象限的事情大多都是由第二象限的事情被延误转化而来，因为现实情境中突发性重要事务的数量极其有限，而且有一些突发性事务也是可以预见和预防的，如果能在第二象限得到妥善处理，则更会少之又少。

3. 勤务兵型的第四象限人

公司和机关中有很多岗位，都类似于勤务兵，他们是为客户或领导服务和打杂的"士兵"。他们需要坚守岗位，以便随叫随到，他们随时准备按照工作要求或者指令采取行动，因此在时间上是紧急的。

而这类工作，却往往又是"不重要"的，因为这些工作对人的工作技能要求较低，组织不需要为"判断、决策、处置"等特殊才能支付额外的薪金报酬。而且，做这些工作的人，很难体验到工作的意义和工作的成就感，也很难从工作中获得成长，对个人的长远发展也是不重要的。

4. 空虚幼稚型的第三象限人

第三象限的事情，是用来休闲、娱乐、放松和打发时间的。但是如果深陷其中，则是心智不成熟的表现，因为一个成熟理性的人，会在精力恢复之后尽量避免做既不重要又不紧急的事。

事实上，像阅读令人上瘾的无聊小说、观看内容平淡的电视节目、办公室八卦聊天、熬夜玩电子游戏等，这样的休息不但不能放松身心，反而是对身心的毁损，刚开始时也许有滋有味，到后来你就会发现其实是很空虚的。

做要事而不是做急事

做要事而不是做急事的观念非常重要，但它常常容易被我们忽略。

一般而言，我们每天都有许多事务要处理，大多数人的习惯都是，可以先通过处理好最次要的事情来实现自我激励，然后用饱满的热情再去解决最重要的工作。遗憾的是，事实并非如此，我们经过一天大量的工作，大都已经筋疲力尽、疲惫不堪，几乎没有更多的精力来考虑最重要的事务，并且所剩的时间也不会很多，因此，想要把它做好，真的很难。如果从我们自己的内心开始分析，这样做的根本原因，是因为人都有严重的畏难情绪，会无意识地回避最重要的工作。

一家成功企业在举行管理人才招聘会时，他们给应聘者出了一道面试题：在一个暴风雨的晚上，你开着一辆车，经过一个车站。有三个人正在等公共汽车。一个是快要死的老人，十分的可怜；一个是曾救过你命的医生，是大恩人，你做梦都想报答他；还有一个女人／男人，她／他是那种你做梦都想娶／嫁的人，也许错过，今生就没有机会再见了。但你的车只能坐一个人，你会如何选择？并用最充分的理由，将主考官说服。

参加应聘的人们提出了各不相同的答案，因为每一个回答都有他自己的道理。

有人说：老人快要死了，应该先救他。然而，主考官会反驳每个老人最后都只能把死作为他们的终点站。

有人说：先让那个医生上车，因为他救过你，这是个好机会报答他。同样，主考官反驳道：你可以在将来某个时候去报答他。

也有人说：我要把握机会，接近我心爱的人，因为一旦错过，可能永远不会再遇到让我这么心动的人了。主考官更加激烈地反驳道：人要相信缘分，是你的永远是你的……

大厅里，前来应聘的 200 人中，只有一个人被雇用了，他认为世界上没有什么东西能比生命更重要的了。他说了以下的话："给医生车钥匙，让他带着老人去医院，而我则留下来陪我的梦中情人一起等公车！"

这道有点智力测验风味的考题，把大多数应聘者推向了一个进退两难的绝境。其实，我们的工作环境何尝不是这样的呢？在一系列以实现目标为依据的待办事项之中，有几个管理者能清楚地知道到底哪些事项应先着手处理，哪些事项应延后处理，甚至不处理呢？

会做事的人在处理这些问题时，往往会一针见血地指出：应按事情的"重要程度"安排行事，判断事情的轻重缓急应该根据"现在做的，是否有利于更接近目标"这一原则来进行。这里所说的"重要程度"，是指一件事情对实现组织目标的贡献大小。也就是说一件事情，如果它对实现组织目标的贡献越大，那么这件事情就越是重要，它越是应该拥有优先处理的特权；如果一件事情，对实现组织目标毫无意义时，那么它就是一件极不重要的事情，理智的人只会将它推迟延后处理。

在分清楚什么是"重要的事"之后，如何"把第一位的事放在第一位"就是最重要的事情了。

要想成为一名高效的做事者，就必须克服自己以往的心理习惯，在开始每一项工作时，都必须首先让自己明白哪件事情是最重要的，哪件事情是最应该也是最值得花费最大精力去重点完成的，培养自己每天首先处理最重要工作的良好习惯。

伯利恒钢铁公司总裁查理斯·舒瓦普曾会见效率专家艾维·利。见面时，艾维·利说自己完全有能力帮助舒瓦普把他的钢铁公司管理得更好。

艾维·利说他可以在 10 分钟内，将一样能使对方钢铁公司业绩提高至少50%的东西交给舒瓦普。接着他递给舒瓦普一张空白纸，说："在这张纸上依次按重要性写下你明天要做的六件大事。"大约 5 分钟后，艾维·利说："现在你需要做的只是把这张纸放进口袋直到明天早上，明天你做的第一件事情就是把这张纸条拿出来，不要看其他的，只做第一项，然后用同样的方法做第二件事、第三件事……直到你下班为止。即使你可能用一天的时间只做完了第一件事情，那么也不要紧。因为你已经完成了最重要的事情。"

几个星期之后，舒瓦普给艾维·利寄去一封信，同时寄来了一张 25 万美元的支票。他在信中说，和艾维·利的会谈是他一生中最有价值的一课。

5 年之后，这个当年鲜为人知的小钢铁厂一跃成为世界上最大的独立钢铁厂，在艾维·利的提示下，舒瓦普赚得了整整 1 亿美元。

我们做事的时候，很容易犯这样的错误：用各种重要性依次递减的方法，把一天的时间表安排得满满当当的，以至于根本不可能抽出一点"机动时间"去处理工作中可能会出现的各类突发事件。如果一旦有始料不及的意外出现，我们就不得不放弃计划中的重要工作，来应付处理这些突发事件，那么，理所当然今日没来得及完成的工作，就势必加进明日的工作表中。

事实上，工作不是一次性的百米冲刺，而是一场持久的马拉松赛，给自己如此不断地加压，管理者一定坚持不了多久。因此，即使是没有突发事件的发生，管理者也应当每天留些灵活的"机动时间"，因为你也可利用这些时间去很好地处理一些较次要的问题；或与下属沟通、联络一下感情；也可休息一会，回想一下一天工作中的得失等。这样，管理者不仅可以从容地完成既定的任务，而且可以从容地面对明天的挑战。

花点心思去确定事情的重要程度，有助于我们养成良好的办事习惯。

工作分清主次，设定优先顺序

很多时候，人们总是被习惯束缚着自己的手脚，在处理问题时总是根据事情的紧迫性，而不是按事情的优先程度来安排先后顺序，这样的做法是被动而不是主动的，成功人士不可能这样工作。

时间管理的精髓在于：有主次之分，设定优先顺序。即把要做的事情分成等级和类别，先做最重要的事，再做次要的事。优先保证最重要的事情的时间，就能优先保证做好最重要的工作，从而能够从大局上控制时间的价值。

比尔·盖茨认为：那些高效率的人，不管做什么事情，首先都是用分清主次的办法来统筹做事。

如何分清主次，大幅度提高自己的做事效率，比尔·盖茨归纳了三个判断标准：

首先应该明白我们必须做什么。

这有两层意思：是否必须做，是否必须由我来做。非做不可，但并非一定要你亲自做的事情，可以委派别人去做，自己只负责督促。

其次应该明白什么能给我最高的回报。

应该用 80% 的精力来做能带来最高回报的事情，而用 20% 的精力做其他事情。

所谓"最高回报"的事情，即是符合"目标要求"或自己会比别人干得更高效的事情。

最高回报的地方，也就是最有生产力的地方。这要求我们必须辩证地看待"勤奋"。"业精于勤荒于嬉"，勤，在不同的时代有不同的内容和要求。过去人们将"三更灯火五更鸡"的孜孜不倦视为勤奋的标准，但在快节奏高效率的信息时代，勤奋需要新的定义。勤要勤在点子上，这就是当今时代"勤"的特点。

前些年，日本大多数企业家还把下班后加班加点的人视为最好的员工，如今却不一定了。他们认为一个员工靠加班加点来完成工作，说明他很可能不具备在规定时间内完成任务的能力，工作效率低下。社会只承认有效劳动。

再次应该清楚什么能给我们带来最大的满足感。

最高回报的事情，并非都能给自己最大的满足感，均衡才有和谐满足。因此，无论你地位如何，总需要分配时间做令人满足和快乐的事情，只有这样，工作才是有趣的，并容易保持工作的热情。通过以上"三层过滤"，事情的轻重缓急就很清楚了，然后，以重要性优先排序（注意，人们总有不按重要性顺序办事的倾向），并坚持按这个原则去做，你将会发现，再没有其他办法比按重要性办事更能有效利用时间了。

在人们的日常生活中，会遇到很多这样或那样的事情，虽然有些都不是眼前最急迫的事情，但是对于长远、大局来说却有着重大的意义。比如锻炼身体，锻不锻炼眼前看不出多大差别，但是对于长远来说却极为重要，有极深远的效益。有些人不舍得在这类事上花费时间，实在很不明智，与长远计算的总账相比很不划算。

在效率的管理上，要兼顾长远性与急迫性，要高度重视对眼前虽不紧急但有深远影响的事务的处理。这一法则，把效率管理上升到了战略高度。

最后，要成为效率管理高手，不仅要掌握这样那样的效率管理的法则、技巧，还需要苦练惩治懒惰的功夫。效率管理与情绪治理是彼此制约、相辅相成、同步发展的关系。

如果没有积极、兴奋的情绪，哪怕掌握了很多效率管理的法则、技巧也无济于事。那些对工作、对生活充满了消极情绪的人，那些懒于奋斗、不求上进的人，又怎么能够提高效率，成功地做好每一件事情呢?

先解决最重要的事

潘德夫毕业后,应聘来到一家大型公司做总经理助理。刚到任时,总经理向他介绍了公司的情况和现状,并且交给他两件需要办理的事情,一件是资金周转问题,另一件是员工的日常需要供给问题。

在大学时潘德夫学的是金融专业,认为自己有筹集资金的特长,因而产生了一个很实际的想法,将解决资金周转的问题放在最重要的位置上。

这引起了公司绝大多数员工的强烈不满,因为以前的助理总是将精力主要放在满足公司员工的日常需要上,但是新助理潘德夫却不这么做,他为解决资金的周转在各个部门间不停地跑来跑去,几乎很少去处理那些日常事务。

公司员工对他的不满日益加深,后来就派了一名代表到公司总部那里要求总经理撤换现在的助理,或者令潘德夫彻底改变自己的做法。总经理了解了潘德夫的做法后,对那名代表说:“放心吧,他会将你们的问题解决得非常圆满,但是,你们要给他一段时间。”

没过多久,公司的资金周转问题彻底解决了,潘德夫这才转过来致力于员工的日常需要问题。虽然后来他将员工的那些问题解决得很圆满,但许多员工依旧对他抱有很深的成见,他在那家公司的人际关系也就可想而知了。最后，他不得不选择离开那里。

后来潘德夫深有感触地说："我的失误就在于没有将总经理交办的任务分出主次，与下属、上级都沟通得不够。如果我将员工的实际问题放在最重要的位置，也许会出现截然相反的结果。但现在说什么都晚了。"

在处理工作中的事件时，有一个重要的原则就是先做最重要的事，而不是紧急的事。我们的时间都是有限的，有很多人之所以很忙碌却仍然没有效率，是因为他们把大量的时间花在了紧急的事情上，而那些事情对于他自己来说却根本不重要。

被美国《时代》杂志誉为"人类潜能的导师"的史蒂芬·柯维博士曾经这样说过："人类的重要任务就是将主要事务放到主要的位置上。"

有的员工已经习惯了做工作中的"消防员"，他们总是扑来扑去，把工作变成了不断的"救火"。随时会响起的电话、数不清的临时会议甚至是推不掉的社交活动都让他们头疼不已，但又不得不丢下手头的工作去面对，于是，不但变得琐务缠身，而且毫无效率。这些人往往有一个不良习惯，如果事情不是迫在眉睫，他们就不想动手去做。于是，等到被他们拖拉的工作临近期限的时候，他们的工作就会变得更加忙乱，但是也更加没有效率。

而高效率的习惯是把注意力集中在那些重要但不一定紧急的事情上。这些工作可能会决定着你将来的发展，尽管表面看上去并不是十分紧急，但是却是真正需要投入精力去做的事情。你需要弄清楚哪些工作是真正重要的，能够让你获得更大的收益，并且把这些事排在日程表上最重要的位置。当你能够这样分配你的工作时间时，尽管你的工作中也会出现燃眉之急，但不会被压力压垮。

第一流的人做第一流的事

有一次，一只鼬鼠向狮子挑战，要同它决一雌雄。狮子果断地拒绝了。"怎么，"鼬鼠说，"你害怕吗？"

"非常害怕，"狮子说，"如果答应你，你就可以得到曾与狮子比武的殊荣；而我呢，以后所有的动物都会耻笑我竟和鼬鼠打架。"

和老鼠比赛的麻烦在于即使赢了，你仍然等同于一只老鼠的能力和水平。对于同低层次人的交往和较量，大人物是不屑一顾的。

在斗争中尤其如此。如果你与一个不是同一重量级的人争执不休，就会浪费掉自己的很多资源，降低人们对你的期望，并无意中提升了对方的层次。

同样的，一个人对琐事的兴趣越大，对大事的兴趣就会越小；而非做不可的事越少，越少遭遇到真正问题，人们就越关心琐事。这就如同下棋一样，和不如自己的人下棋会很轻松，你也很容易获胜，但棋艺永远长进不了，而且这样的棋下多了，棋艺反而会越来越差，所以好棋手宁可少下棋，也尽量不和不如自己的人较量。和低手较量越多，自己越臭。

本尼斯说过："纯管理人也许能把事情做对，但是真正的领导人重视的是做正确的事情。"现代人的一大问题是开始太随意，注意力分散，分不清轻重缓急，也不善于区分大小。如果碰巧能力又强，即使错误的事情也能做得很好。不利的局面也都能扭转，这样就会无谓地耗费很多的时间和感情。

"最聪明的人是那些对无足轻重的事情无动于衷的人。但他们对那些较重要的事务却总是做不到无动于衷。那些太专注于小事的人通常会变得对大事无能。"抓住大事，小事自会照顾好自己。一流人物大都具备无视"小"（人物、是非）的能力。在你往前奔跑时，你不可以对路边的蚂蚁、水边的青蛙太在意——当然有毒蛇拦路是不行的。"如果要先搬掉所有的障碍才行动。那就什么事也做不成。"

许多人整天忙着处理琐碎的事情，总是抱怨腾不出时间做正经事。其实他们的潜意识在逃避做正经事。因为做大事是需要想象力、判断力、勇气和自信的。

第一流的人做第一流的事。第一流的人可以像凡夫俗子一样浪费时间，他要以并不长的生命，完成许多一流的事。如果一个人过于努力想把所有的事情都做好，那么他就不会把最重要的事情做好。

威廉·詹姆士说过："明智的艺术就是清醒地知道该忽略什么的艺术。"不要被不重要的人和事过多地打扰，因为"成功的秘诀就是抓住目标不放"。

温瑞安说过："真正高手会把精、气、神集中于一处。"而在生活中，集中精力更是一种明智之举。因为在一定时期内，一个人的资源和能量是有限的，你无法同时做好数件同等重要、难度又都很大的事情。而琐事也同样会占据你的空间，消磨你的意志。

世界的开放性和信息量的倍增，给集体选择和个人的发展提供了机会，但也带来了大量的精神涣散和疲劳。选择像一条河流，它变得越宽，就有越多的人淹死在里面。人们需要越来越强的游泳技巧，需要游向正确的方向，因为你不可能就这么游下去。

不值得做的事，会让你误以为自己完成了某些事情。你消耗了大量时间和精力，得到的可能仅仅是一丝自我安慰和虚幻的满足感。当梦醒后，你会发现该做的事一件都没有做，而自己却已疲惫不堪。

"一项活动的单纯规律性会逐渐演变成为必然性"。一段时间之后，人们会说："我们不应该让它消失，我们已经做了这么久。"这就像有的人明明不喜欢自己的恋人，却还是要在一起，因为在一起很久了，习惯让人不愿意再做别的选择。但最终，一个人要为自己做了不值得做的事付出代价，这件事情越大，代价就越大。

Chapter 02

聪明人如何掌控时间的主动权

我们生活在一个复杂的群体中，工作也不再是一个人的事情，总会与其他人合作或共处，所以难免会受到他人的干扰，这是无法避免的。但是每个人都希望在工作中不要受到他人的打扰，在自己沉浸于工作之中的时候，不要有不速之客来造访。要掌控你的工作，就要合理安排时间，统筹规划，学会说"不"，就不会被乱七八糟的事情所左右，从而做个高效能人士。

避免不必要的干扰

做事情要分清轻重缓急，才能够集中精力把事情做好，这就必须避免一些不必要的干扰。但是，我们生活在一个复杂的社会群体之中，要完全避免干扰，任何人都无法做到。但是不管怎样，我们仍然要尽可能地减少干扰。

1. 营造一个良好的工作环境

很多人工作时精力无法集中，就觉得要消除精神疲劳，改变心情，常常会在办公桌周围摆上各种不相干的东西。其实这些东西，无论是全家福照片、纪念品、钟表、温度计，它们既占据你的空间，也分散你的注意力。它们对你形成的干扰是无形的，是很难察觉的。遇到这种情况，办法只有一个，那就是除了办公所必需的东西外，把其他不相干的东西摆放在你的视线之外。

2. 将琐事进行归纳整理

有些信件、邮件，可以归总起来一次写完；尽量安排好时间，尽可能集中依次会见来访者；必须阅读的资料，就可以集中到一起进行阅读，等等。

3. 委婉拒绝别人的托付

在现实生活中，经常会遇到别人托付自己办一些事。但是如果碍于情面不好拒绝，那么就有可能会把自己的工作给耽误了。不过也不是说对于别人的任何托付都要一概拒绝，而是指在必要时，应该巧妙地拒绝别人，这样就不会被那些外在干扰打乱自己的工作计划，自己的工作也就能够顺利进行下去。

处理来自上级的干扰

我们对来自上级的干扰，相对来说是不好处理的，因为你不可能直接对上级说"你不要这样做"或者"对不起，我没有空理你"之类的话。在你必须拒绝上级的额外工作时，你只能委婉地表达出来，甚至还要担心上级会误解你想偷懒，不愿意做事。

一般来讲，来自于上级的干扰往往是由于上级不能很好地体谅下级，或者其本人是一个令人讨厌的人（他喜欢把下级当作机器一样来使唤）。

有这样一些领导，有一种非常令下级感到尴尬的习惯。

一旦有客人来访，他就让下级同自己一起接待，即使在他与客人谈话时，他也要让下级坐在一旁，好像这样能体现出自己的尊崇似的。但是下级并不是他的花瓶，下级还有一堆工作等着去做。

为了排除上级的干扰，不浪费时间，我们可以试试以下四个秘诀：

（1）和上级商量，与上级一起制定你的预定日程表。这样，上级就清楚了你的工作安排了，就不会再干扰你，打乱你的预定日程。

（2）定期与上级接触，报告工作，询问他有无工作需要你去做。然后，你再把这些工作安排到你的日程表中去，这样就避免了上级要求你做一些你的日程表中没有的工作。

（3）当你要完成重要的工作，而周围确实是太不清静，干扰太多时，你可以明智地在公司以外的地方找一个工作场所。当上级要吩咐你做别的什么工作时，或许会因为遇不到你，就会吩咐别人去做。

（4）使你的日程表和上级的日程表同步，协调起来。按照工作种类，使你的预定日程与上级的协调起来，就能够减少上级对你的额外干扰。

处理来自下级的干扰

作为上级，当然也存在被下级干扰的可能。上级与下级的关系紧密，为完成某一工作，就要有上级的授权和工作指导，也要有下级的实干。只有上、下级之间配合默契，才能使工作顺利完成。否则，相互不能理解对方的观点和想法，就会走很多的弯路。

对于下级来说，不理解上级的意图，就要为一件事情反复地向上级请示汇报，因而会给上级造成干扰。

作为上级，如果能够做到以下几点，就能较好地减少来自下级的干扰。

（1）对下级不仅仅采取直接面谈的方式，你可以鼓励他们使用备忘录。在备忘录中，简洁地写上下级想提的问题或者方案。这种备忘录让人看完会立刻明白问题的核心，比起冗长的谈话要省时得多。

（2）每天抽出一点时间，在一定的时间内解答下级的问题，以免他们随时向你请示汇报，打扰你的正常工作。

（3）不要在公司内来回溜达，到处闲逛。这样就会很容易使下级想向你找事情来请示，干扰你的正常工作。

（4）对于下级的请示，要及时给予答复，态度明确，观点鲜明，以免下级不能领悟你的意图，而反复地向你请示。

（5）给下级充分的权力和相应的责任。让下级去做某项工作，就赋予他充分的权力。如果你还是把权力抓在自己手上，那么就只能让下级打扰你，向你请示工作中每一个小细节。

处理来访者的干扰

突如其来的来访者，也是打扰我们正常工作的一个主要干扰源。凡是想来拜访你的人，不管是谁，他都是认为有一定的理由的，是非找你面谈不可的，故而会不经过预约，就前来找你。

但是，对于我们来说，这是很不公平的一件事，因为你的时间不能因为来访者有事而被延长。因此，在处理来访者的干扰时，总是会造成一方的不满，要么是来访者占上风，你被迫腾出时间来听他说完要说的事情；要么是你占上风，请他自行退回。

不管是哪一种结果，都不要做得过分，以免伤害感情。即使在你拒绝对方的来访时，也要不失礼貌。

对于已经预约的来访者，也同样要注意会谈的时间，尽量不要超过限定的时间。在与对方交谈时，我们要引导双方的谈话，不要让对方把话题扯到一边去。当对方将话题扯到一些没有意义的话题上去时，你可以提一些问题把它拉回原来的方向。如果对方的谈话没有条理，不合逻辑，则你也没有必要让对方硬要接受你的想法，而是要想办法引导其思维，使其意识到自己的谈话不合逻辑，从而达到较好的谈话效果。

当你感到你们的谈话已经没有必要持续，或者谈话时间已经快要结束了，而对方却还在磨磨蹭蹭地不想回去时，你可以采取一些带有暗示性的方法来结束你的会谈。

以下是向大家提供的几种建设性方法，你可以任意选用其中之一，来帮助你排除这些人的干扰。

（1）在你们的谈话之前，托付另外的人，让他到规定的时间进来，告诉他外面还有人等着。

（2）说一些带有总结性或结论性的话，使对方感到谈话的效果已经达到了。

（3）用闲话来代替正式话题，表示正式谈话内容已经结束。

（4）在谈话一开始时，就告诉对方你们的谈话时限。或者在谈话接近尾声时，告诉对方你们谈话的时间有限，只能到此为止，下次再谈。

（5）在谈话时，用装有闹铃的手表定时，预定的时间一到，你的闹铃就响了，使对方注意到你们的会面时间结束了，他也就不好意思再继续聊下去。

在工作中应该学会拒绝

古希腊数学家毕达格拉斯曾经说过："'是'和'不'这两个最简单、最熟悉的字，是最需要慎重考虑的字。"我们要想在工作中不受他人的打扰，除了掌握各种时间的支配方法之外，还要善于说"不"，巧妙地拒绝这些不速之客，有效掌控我们的工作。

那么，在什么情况下我们应该说"不"呢？说"不"的指导原则是什么呢？答案是：要确立目标，划定自己的职责、能力范围，制定一个标准，看看这件事是不是值得花时间、精力去做。如果某项工作并不在自己职责范围内，不值得在它身上耗费时间和精力，那我们就要坚决地说"不"，绝不犹豫。

每个人都希望得到你的注意，而注意别人又会占用你的时间。当你正在集中精力忙手头上的工作时，别人却要求你做其他事情，你往往很难作出决定。有时候你不如直接答应别人，那样可能更省事——你至少不用花费时间去解释你为什么要拒绝。可另一方面，你并不希望总是牺牲自己的时间去做额外的事务，牺牲自己的利益去满足别人。

但是，要知道你不可能满足所有人的所有要求——你根本没有足够的时间。所以当有人向你提出请求的时候，你必须学会根据对方在你心目当中的重要性以及你不做这件事情所产生的后果来安排次序。如果提出要求的那个人在你心目当中并不重要，那你完全可以拒绝对方。如果对方要求你做的事情并不重要，那你也应该立刻表示拒绝。

在工作中每个人都有自己的任务，虽然帮助同事是种好的品质，但若妨碍了自己的工作则应该学会拒绝。

当然，拒绝他人不是件容易的事，需要一些技巧。例如，拒绝接受不善体谅他人而又十分苛刻的上司的要求，通常都被视为不可能的事。但是，有些老练的人却深谙回拒方法，经常将来自上司的原已过多的工作，按轻重缓急编排好办事优先次序表，当上司提出额外的工作要求时，即展示该优先次序表，让上司决定最新的工作要求在该优先次序表中的恰当位置。这种做法具有三个好处：第一，让上司作主裁决，表示对上司的尊重。第二，行事优先次序表既已排满，则任何额外的工作要求都可能令原有的一部分工作无法按原定计划完成，因此除非新的工作要求具有高度重要性，否则上司将不得撤销它或找他人代理。第三，部属若采取这种拒绝方式，可避免上司误会他在推卸责任。因此，这是一种极为有效的拒绝方式。

下列 9 项有关拒绝接受请托的要领，可供大家参考：

（1）要耐心倾听请托者所提出的要求。即使你已知道这个请求非加以拒绝不可，你都必须凝神听完他的话语。这样做，为的是确切地了解请托的内涵，以及对请托者的尊重。

（2）拒绝接受请托时，你在表情上应和颜悦色。最好多谢请托者能想到你，并略表歉意。切忌过分地表达歉意，以免令对方以为你不够诚挚——因为你如果真的感到那样严重的过意不去，那么你将会设法接受他的请托而不会加以拒绝。

（3）拒绝接受请托的时候，应显示你对请托者的请托已给予庄重的考虑，并显示你已充分了解到这种请托对请托者的重要性。

（4）拒绝接受请托者，你最好能对请托者指出拒绝的理由。这样做，将有助于维持你跟请托者的原有的关系。但这并不意味着对所有的请托拒绝都必须附以理由。有时不申诉理由反而会显得真诚。例如偶尔对频频请托的人和颜悦色地说："真抱歉，这一次我将无法效力，希望你不要介意！"相信不至于产生不良的后果。一旦你附以拒绝的理由，则只需重复拒绝，而不应与之争辩。

（5）切忌通过第三者拒绝某一个人的请托，因为一旦这么做，不仅显得你懦弱，而且在请托者心目中会认为你不够诚挚。

（6）拒绝接受请托之后，如有可能你应为请托者提供处理其请托事项的其他可行途径。

（7）如你无法当场决定接受或拒绝请托，则要明白地告诉请托者你仍要考虑，并确切地指出你所需要的考虑时间，以消除对方误以为你是在以考虑作挡箭牌的想法。

（8）要令请托者了解，你所拒绝的是他的请托，而不是他本身。这即是说，你的拒绝是对事而不对人的。

（9）拒绝接受请托时，你除了应显露和颜悦色的表情外，仍应显露出坚定的态度。这即是说，不要被请托者说服而打消或修正拒绝的初衷。

以上9种要领，运用之妙存乎一心。

Chapter 03

聪明人掌控时间的 8 个技巧

人们浪费时间的原因主要有主观和客观两大类：其中主观原因有缺乏明确的目标，拖延，缺乏优先顺序，想做的事情太多，做事有头无尾，缺乏条理和整洁，不懂得授权，不会拒绝别人的请求，仓促决策，行动缓慢，懒惰和心态消极。客观原因有上级领导浪费时间（开会、电话、不懂授权等），工作系统浪费时间（访客、官样文章、员工离职等），生活条件浪费时间（通讯、环境、交通、朋友闲聊、家住郊区等）。

掌握一定的技巧，你也可以像聪明人一样掌控时间。

设定目标：找到行动的方向

如果一艘轮船在大海中迷失了方向，就会在海上打转，直到把燃料用完，仍然到达不了目的地。而事实上，它所用掉的燃料，已足以使它往返两岸好几次。一个人如果没有明确的目标以及为达到这些目标做出的明确计划，不管他如何努力工作，都像是一艘失去方向的轮船。

1976 年的冬天，本特 19 岁，在休斯敦太空总署的太空梭实验室里工作，同时也在总署旁边的休斯敦大学主修计算机。纵然两头忙，但他只要有时间，总会把所有的精力都放在音乐创作上。

本特知道写歌词不是他的专长，所以在这段日子里，本特到处寻找一位善写歌词的搭档，与他共同创作。后来，他认识了一位朋友，她的名字叫凡内芮。

自从 20 多年前离开得州后，本特就再也没有过她的消息。但是她却在本特的事业起步时，给了他最大的鼓励。

年仅 19 岁的凡内芮在得州的诗歌比赛中，不知得过多少奖牌。她的作品总是让人爱不释手，当时他们的确联合创作了许多很好的作品，一直到今天，本特仍然认为这些作品充满了特色与创意。

一个星期六的周末，凡内芮又热情地邀请本特到她家的牧场吃烤肉。她的家族是得州有名的石油大亨，拥有庞大的牧场。她的家庭虽然极为富有，但她的穿着朴素，所开的车普通，加上她诚恳待人的态度，更让本特加倍地打心底佩服她。

凡内芮知道本特对音乐的执著。然而，面对那遥远的音乐界及整个美国陌生的唱片市场，他们一点通道都没有。此时，他们两个人坐在得州的乡下，不知道下一步该如何走。突然间，她冒出了一句话："想象你五年后在做什么？"

他愣了一下。她转过身来，手指着本特说："嘿！告诉我，你心目中'最希望'五年后的你在做什么，你那个时候的生活是一个什么样子？"

他还来不及回答，她又抢着说："别急，你先仔细想想，完全想明白后再说出来。"

他沉思了几分钟，开始告诉她：

"第一，五年后我希望能有一张很受欢迎的唱片在市场上发行，可以得到许多人的肯定。"

"第二，我要住在一个有很多很多音乐的地方，能天天与一些世界一流的乐师共同工作。"

凡内芮说："你确定了吗？"本特慢慢回答："是的！"凡内芮接着说："好，既然你确定了，我们就把这个目标倒算回来。

"如果第五年，你要有一张唱片在市场上发行，那么你的第四年一定是要跟一家唱片公司签上合约。

"那么你的第三年一定是要有一个完整的作品，可以拿给很多很多的唱片公司听，对不对？

"那么你的第二年，一定要有很棒的作品开始录音了。

"那么你的第一年，就一定得把你所有要准备录音的作品全部编曲，排练就位准备好。

"那么你的第六个月，就是要把那些没有完成的作品修饰好，然后让你自己可以逐一筛选。

"那么你的第一个月就是要把目前这几首曲子完工。

"那么你的第一个礼拜就是要先列出整个清单，排出哪些曲子需要修改、哪些需要完工。"

"好了，我们现在不就已经知道你下个星期一要做什么了吗？"凡内芮笑着说。

"喔，对了。你还说你五年后，要生活在一个有很多音乐的地方，然后与许多一流乐师一起忙创作，对吗？"她急忙地补充说。

"如果你的第五年已经在与这些人一起工作，那么你的第四年照道理应该有你自己的一个工作室或录音室。那么你的第三年，可能是先跟这个圈子里的人在一起工作。那么你的第二年，应该不是住在得州，而是已经住在纽约或是洛杉矶了。"

次年（1977年），本特辞掉了令许多人都羡慕的太空总署的工作，离开了休斯敦，搬到洛杉矶。

说也奇怪：不敢说是恰好五年，但大约是第六年，也就是1983年，他的唱片在亚洲开始畅销，他整天忙着与一些顶尖的音乐高手一起工作。

当你的人生没有目标时，当你看不清前方的道路时，当你困惑时，你应该学会静下心来问你自己：五年后你"最希望"看到你自己在做什么？

如果你自己都不知道这个答案的话，你休想得到命运的垂青。别忘了，在生命中，上帝已经把所有"选择"的权力交在我们的手上了。有了目标，我们就有了行动的方向，那么，前进的道路也就在我们的掌控之中了。

你过去或现在的情况并不重要，将来想要获得什么成就才是最重要的。

目标就好比空气和水对于生命一样，没有空气和水，人不能生存，同样，没有了目标，人永远无法获得成功。为什么必须有目标才能成功呢？

第一，目标能够使我们产生力量和积极性。

你给自己定下目标之后，目标就在两个方面起作用：它是努力的依据，也是对你的鞭策。目标给了你一个看得着的射击靶。随着你努力实现这些目标，你就会获得成就感。对许多人来说，制定和实现目标就像一场比赛，随着时间的推移，你实现一个又一个目标，这时你的思想方式和工作方式又会渐渐改变。有一点很重要，你的目标必须是具体的，可以实现的。如果计划不具体——无法衡量是否实现了，那会降低你的积极性。为什么？因为向目标迈进是动力的源泉。如果你无法知道自己向目标前进了多少，你就会泄气，甩手不干。

第二，目标有助于我们安排工作和生活的轻重缓急。

制定目标的一个最大好处是有助于我们安排日常工作的轻重缓急。没有这些目标，我们很容易陷进跟理想无关的日常事务当中。一个忘记最重要事情的人，会成为琐事的奴隶，有人曾经说过："智慧就是懂得该忽视什么东西的艺术。"许多年前，某报作过300条鲸鱼突然死亡的报道。这些鲸鱼因为在追逐沙丁鱼时，不知不觉地被困在了一个海湾里。有人这样说："这些小鱼把海上巨人引向死亡，鲸鱼追逐小利而暴死，为了微不足道的目标而空耗了自己的巨大力量。"

没有目标的人，就像故事中的那些鲸鱼，他们有巨大的潜能，但他们把精力放在小事情上，小事情使他们忘记了自己本应做什么。说得明白一点，要发挥潜力，你必须全神贯注于自己有优势并且会有高回报的方面。目标能帮助你集中精力。另外，当你不停地在自己有优势的方面努力时，这些优势会进一步发展。最终，在达到目标时，你会成为什么样的人比你将得到什么东西要重要得多。

第三，目标使我们有能力把握现在。

成功人士能把握现在。人在现实中通过努力实现自己的目标，正如希拉尔·贝洛克说："当你做将来的梦或者为过去而后悔时，你唯一拥有的现在却从你手中溜走了。"

虽然目标是朝着将来的，是有待将来实现的，但目标使我们能把握住现在。为什么呢？

因为每个重大目标的实现都是几个小目标、小步骤实现的结果。所以，如果你集中精力于当前手上的工作，心中明白你现在的种种努力都是为实现将来的目标修路，那你就能成功。

第四，目标有助于评估我们生活的进展。

不成功者有个共同的问题，他们极少评估自己取得的进展。大多数人或者不明白自我评估的重要性，或者无法量度取得的进步。

目标提供了一种自我评估的重要手段。如果你的目标是具体的，看得见摸得着的，你就可以根据自己距离最终目标有多远来衡量目前取得的进步。

成功人士总是事前决断，而不是事后补救。他们提前谋划，而不是等待指示，他们不允许其他人操纵他们的工作进程。不事前谋划的人是不会有进展的。

目标能帮助我们事前谋划，目标迫使我们把要完成的任务分解成可行的步骤。要想制作一幅通向成功的交通图，你就要先有目标。正如 18 世纪发明家与政治家富兰克林在自传中说的："我总认为一个能力很一般的人，如果有个好计划，是会大有作为的。"

目标使我们把重点从工作本身转到工作成果。

不成功者常常混淆了工作本身与工作成果。他们以为大量的工作，尤其是艰苦的工作，就一定会带来成功（任何活动本身并不能保证成功），也就是说，成功的尺度不是做了多少工作，而是做出了多少成果。

第五，目标能够使我们看清自己生活的使命。

每一天，我们都可能遇到对自己的人生和周围世界不满的人。你可知道，在这些对自己处境不满意的人中，有98%的人对心目中喜欢的世界没有清晰的图画，他们没有改善生活的目标。一个人没有目标就不会去鞭策自己。结果，他们继续生活在一个他们无意改变的世界里。

有一位医生对活到百岁以上老人的共同特点做过大量研究，他曾让人们思考一下这些人长寿有什么共同的因素，大多数人以为这位医生会列举食物、运动、节制烟酒以及其他影响健康的东西。然而，令人惊讶的是，医生告诉他们，这些老寿星在饮食和运动方面没有什么共同特点。他发现，他们的共同特点是对待未来的态度——他们都有人生目标。

制定人生目标未必能使你活到 100 岁，但必定能增加你成功的机会。正如贸易巨子 J·C·宾尼所说："一个心中有目标的普通职员，会成为创造历史的人；一个心中没有目标的职员，只能是个平凡的职员。"

从以上几个方面我们不难看出，目标对于我们人生的重要性。没有目标，我们将无法成长。

那么我们究竟该如何选择或是制定正确的目标呢？在选择或制定目标时应考虑两个方面：一是目标要符合自己的价值观，二是要了解自己目前的状况。

1. 设立目标的三要素

事实上，随波逐流，缺乏目标的人，永远不能竭尽全力地发挥出自己的潜能。因此，只有选择做一个目标明确的人，我们的生活才有意义。

既然设立目标这么重要，那么在设立目标之前一定要明确目标设立的要素。

目标的设立必须具备下列三项要素，缺一不可：

（1）目标要有可信性

目标必须要有可信性。目标应当对谁有可信性呢？当然是你自己。别人信不信不重要——你自己不相信，就无法实现。

（2）清楚地界定目标

看着吧，我一定要买那辆宝马车！然后驾着它环游世界！

哈哈，那你打算什么时候买下它？不会是老得不能环游世界的时候吧？

如果你的目标含糊不清，等于没有目标，只是愿望而已。目标必须明确，愈清楚愈好。不要写"我要赚大钱"，而要明确"我要赚××（数额）"。加上期限，比如说"年底前""2008年"。这样才是明确的目标。至于如何赚？赚到钱后要买什么……统统要写清楚。

（3）需要有强烈达到目标的欲望

不只是想要，而是"热切"的欲望。欲望是达成目标的动力，没有"欲望"的目标面对现实时苍白无力。

生动地想象目标达成后的情形。能生动地想象到，则目标已达成一半了。多次练习，你将发现它其实并非遥不可及，努力之后就能实现。

2.记录并管理你的目标

如果要将自己的目标与梦想化为力量，那么就在你的记事本上画出自己的人生金字塔，也就是自己在工作上希望达到的终极目标。

这就是你的人生未来年表。想想看，从现在开始的15年，你想要过什么样的人生？15年的人生未来年表看似庞大，但事实上只需要三天，就可以有明确的答案。人生未来年表必须要写的三个重点：

第一，列举好梦想与目标后，设立达成的日期。

第二，确定现状与梦想的距离。

第三，把达成的日期分段。

3.学会知难而退

在某些情况下，你总会发现自己深陷泥潭，无法自拔，不得不面对知难而退的境况。

以下几个基本的方法可以帮助你决定何时应坚持，何时应放弃，何时应继续尝试，以及何时应知难而退。

（1）寻求更多的信息资源，防止重蹈覆辙

一个能干且直率的同事，是一个人在工作中所拥有的最重要的资源。在工作方面，经验丰富的工作人员经常会建议新人在何时何地怎么做。他们所提供的信息，通常出自亲身经历，如果你能在行动之前，事先向他们了解信息，就能避免重蹈覆辙，减少不必要的损失。向前辈请教，是个事半功倍的好方法。

（2）衡量目标可以实现的回报

如果你是业务员，你承担不起花 1 个月时间在一个最多只能创造几块钱利润的准客户身上。诚然，人生梦想也是一样，为了一个对自己来说毫无意义的梦想而奋斗，实在是得不偿失。

（3）衡量目标实现的成本

在经济学领域，将人假设为理性人，它最大的特点就是以最小的付出获得最大的回报为标准来作出选择。我们衡量目标的标准也应是这样，既要考虑它的现实回报，也要考虑它的实现成本，只有回报和成本的比值达到最大化，这个目标对于个人来说才是真正"实惠"的。

（4）要有自知之明

假如一个人的能力不够，有些事情就不应该做。你也许有一个伟大的梦想，可是对你而言却必须耗费太多的资源才有可能成功。你就不妨稍微降低标准或者干脆放弃，找一个更适合自己的，并能够在自己的能力范围内实现的梦想。

假如你现在已经确定好一个目标，当遇到某些障碍的时候，不停地钻牛角尖，企图用跳高的方式跨栏，最终你将会失败，而失败将使你的自信心受挫，对未来失去希望。很多事情如果都用追求完美的标准来处理的话，那么你将面对的是：没有什么事情能够做得符合你的期望值。学会知难而退，在恰当的时候作出合适的选择，对于成功非常重要。

制订计划：与成功有约

成功学专家的研究结果表明，制订计划将极大地提高目标实现的成功概率：制订计划的人的成功概率是从来不制订计划的人的 3.5 倍；在成功实现目标的人群中，事先制订计划者高达 78%；事先没有制订计划的人仅为 22%。

除了制订计划外，坚持计划也是最终成功的一个关键要素。根据调查结果显示，那些坚持计划的人，比那些中途改变计划的人成功概率高出许多，具体来说，前者的成功概率是后者的成功概率的 5 倍多；坚持计划的人实现目标的成功概率为 84%；中途改变计划的人实现目标的成功概率仅为 16%。

一般来说，做事无计划可能有多种原因，主要原因是：第一，看不到计划的重要性；第二，做事的目标不明确；第三，进取心不足或者懒惰；第四，没有掌握制订计划的方法。

维克托·米尔克是一家现代化大食品公司的技术总监。他的工作直接或间接地受到公司 5 000 雇员中 3 000 多人的影响，因此，他总是忙得不可开交。在一次时间管理研讨会上，他谈到了对工作和时间的看法：

米尔克说："现在我不再加班工作了。我每周工作 50 ~ 55 个小时的日子已经一去不复返，也不用把工作带回家做了。我在较少的时间里做完了更多的工作。按保守的说法，我每天完成与过去同样的任务后还能节余 1 个小时。我使用的最重要方法是制订每天的工作计划。现在我根据各种事情的重要性安排工作顺序。首先完成第一号事项，然后再去进行第二号事项。过去则不是这样，我那时往往将重要事项延至有空的时候去做。我没有认识到次要的事项竟占用了我的全部时间。现在我把次要事项都放在最后处理，即使这些事情完不成我也不用担忧。我感到非常满意，同时，我能够按时下班而不会心中感到不安。"

在具体的行动中，最重要的是将我们的时间按长短作出周期性的安排，这样有助于我们合理地利用不同阶段的时间来做短、中、长期计划表。

1. 每日计划

（1）一天的周期

你如何安排一天的时间？你在一天内要做些什么？

每天都有固定的 24 个小时，如果我们将一天的时间，看成几个单位的集合的话，会比较容易安排和分配。

如果能掌握一天的结构与周期，就能对自己一天的行动在大脑中产生大致的一个安排。这就意味着，每天你对自己在一天的时间内能干什么，在什么时间段里完成都可以做到心中有数。有了这样粗略的安排，你就可借此思考，自己能否既有能力做到这些事，并且还不浪费时间。

（2）时间分割

从人的生理和心理角度考虑的话，以两个时间为单位，是一个比较恰当的单位时间。当然，这个单位时间会因个人职业的不同，而有所不同。

了解自己身体的周期（早起型、晚睡型），并配合其创造出自己的时间周期，就可以更有效率地运用时间。

请注意，把时间分割为几个单位，并且要求我们严格照此一丝不苟地行动。这样做的目的，只是有助于我们能够更合理地安排时间。

（3）各时间段任务安排

根据时间段和生理周期的特点，在各时间段安排与之相适应的工作。早上 2 个单位，下午 1 个单位，晚上 1 个单位，通常是工作、学习效率较高的时间。在自己的生理范围内，合理利用好这些时间，将会让你省时省力地完成一个个任务。

只要思考今天要在哪个单位做什么事，日计划的时间表安排就算完成了。

2. 每周计划

（1）掌握一周的周期

在掌握一天的周期与结构后，再来掌握一周的周期与结构就简单了。

一周的周期实际上是一天周期的集合，首先将一天的时间周期化，才能做好一周的时间安排。如果每天的计划较为平淡，或偶有高潮，那么一周的计划只要依日计划的时间表，就能轻而易举地完成。

掌握你日常生活一天的周期化与一周的周期化，就是你是否能逐步完成计划与时间表的要诀。

月周期与年周期，因为周期较长，面对的不确定因素比较多，对我们而言是较难把握的。比较起来，一周在感觉上比较容易掌握。掌握这种让人有概念的时段，就是安排时间表的窍门。

（2）时间分割

事实上，当以周为单位时，即使其中的一天被浪费，仍有机会使这一周过得充实。

所谓以一周为单位，安排生活计划，是说最好在星期几开会或商谈，最好在星期几看书或上课，好不容易才拍下的录像带该在哪一天看……给每个日子独特的个性。

以天为单位的时间有时太短了，某些任务或许很难在一天之内完成，但如果以周为单位的话，就可以一个星期的时间来分配每一天的个性，甚至有时一天都用作休息也不要紧。比如，快乐的星期五，运动或文化的星期四，旅行的周末等。每一天都有属于自己的个性，工作和生活起来自然更加充实。

3. 年度计划

一年有 52 周，以周为单位，制造一些变化。

年度计划应该详细地标出这 1 年的重要日子，如节假日等，使我们能好好掌握住 1 年的时间。我们可以这些重要日子为指引，重组我们对时间的笼统印象。如在某日附近该做这件事，又快到了该做那件事的时候了，在这周休假怎样呢？

以这种方式将 1 年的时间区分出来。

请将 1 年，这一个长而抽象的时间，与今天一天的行动这个具体的形式相结合。在其中亦可使用月或季，甚至更短的星期为时间单位。而如何取时间的单位，与如何使各单位时间联在一起，就是结合计划与时间表的秘诀所在。

我们也可以将时间的单位，改称为时间的周期。这么一来，就会牵涉许多问题。这不仅是将时间的单位，分割成或长或短的技术性问题，还会因个人的生活方式、想法、工作而产生很大的差异。

因此，知道自己的"时间的周期"去利用它，就是善于计划、善用时间的秘诀。

GTD 法则：减少焦虑

GTD 就是 Getting Things Done 的缩写，翻译过来就是"把事情做完"，GTD 的核心理念就是必须记录下来要做的事，然后整理并安排自己一一去执行。主要原则在于一个人需要通过记录的方式把头脑中的各种任务移出来，通过这样的方式，头脑可以不用塞满各种需要完成的事情，而是集中精力用在正在做的事情上，是一种消灭压力的高效工作方法。

GTD 的方法，正是帮助我们解决掉事情老是萦绕心头的感觉，减少甚至是消除焦虑，真正做到"无压工作"，轻轻松松完成每一项工作任务：

①确切地认定它们的预期结果是什么；

②决定你下一步的具体行动到底是什么；

③把后果和即将采取行动的提示信息存入你所依赖的体系中去。

GTD 的五个核心原则是：收集、整理、组织、回顾、执行。

（1）收集：把任务从大脑里清出来，形成待办列表。其流程为：把任务从大脑里清出来——填入收集的设备中——准备下一步的处理。

（2）整理：整理待办任务、分类任务。

a. 不把任何信息放回收集箱，处理完一件任务就打一个对勾。

b. 如果任何一项工作需要做，就马上执行去做（如果花的时间少于两分钟）；或者委托别人完成，或者将其延期。

c. 否则就把它存档或删除，或是为它定义合适的目标与情境，以便下一步执行。

（3）组织：下一步行动、形成项目、等待处理、将来处理。

a. 等待处理清单，主要是记录那些委派他人去做的工作，比如有封邮件问这件事由谁负责，可转交处理，如果你是主管，可安排下属去做。

b. 将来处理清单，则是记录延迟处理且没有具体的完成日期的未来计划等。

c. 下一步处理清单，则是具体的下一步工作。而且如果一个任务涉及多步骤的工作，那么需要将其细化成具体的项目。老外认为不能在两分钟内完成的、需要一系列动作来进行的任务叫作"项目"。

（4）回顾：按日回顾、周回顾、月回顾来总结 GTD 系统。

回顾自己在过去一周或一月取得的进步，制定下一周或下一月的计划。

（5）执行：Do it！没什么好说的！集中精神执行。

GTD 时间管理中的注意事项：

a. 完整地收集，做到一件都不漏。

b. 弄清楚工作是为了什么。

c. 判断下一步的行动是什么。

d. 将事情合理分类，准确执行。

e. Do it now！现在，立刻，马上去做！

事务清单：提高时间效能

有个名叫约翰·戈达德的美国人，当他 15 岁的时候，就把自己一生要做的事情列了一份清单，被他称为"生命清单"。在这份排列有序的清单中，他给自己定下所要攻克的 127 个具体目标，比如，探索尼罗河、攀登喜马拉雅山、读完莎士比亚的著作、写一本书等。在 44 年后，他以超人的毅力和非凡的勇气，在与命运的艰苦抗争中，终于按计划一步一步地实现了 106 个目标，成为一名卓有成就的电影制片人、作家和演说家。

如果能学会写出每天的事务清单，则时间的效能可以大幅提高。

（1）每天清晨把一天要做的事都列出清单

如果你不是按照做事顺序去做事情的话，那么你的时间管理也不会是有效率的。在每一天的早上或是前一天晚上，把一天要做的事情列一个清单出来。这个清单包括公务和私事两类内容，把它们记录在纸上、工作簿上或是其他什么上面。在一天的工作过程中，要经常地进行查阅。

（2）把接下来要完成的工作也同样记录在你的清单上

在完成了开始计划的工作后，把下面要做的事情记录在你的每日清单上面。如果你的清单上内容已经满了，或是某项工作可以转天来做，那么你可以把它算作明天或后天的工作计划。你知道为什么有些人告诉你他们打算做一些事情，最后却没有完成的原因吗？这是因为他们没有把这些事情记录下来。

（3）对当天没有完成的工作进行重新安排

现在你有了一个每日的工作计划，而且也加进了当天要完成的新的工作任务。那么，对一天下来那些没完成的工作项目又将作何处置呢？你可以选择将它们顺延至第二天，添加到你明天的工作安排清单中来。但是，希望你不要成为一个做事拖拉的人，每天总会有干不完的事情，这样，每天的任务清单都会比前一天有所膨胀。如果事情的确重要，没问题，转天做完它。如果没有那么重要，你可以和与这件事有关的人讲清楚你没完成的原因。

（4）记住应赴的约会

使用你的记事清单来帮你记住应赴的约会，这包括与同事和朋友的约会。工作忙碌的人们失约的次数比准时赴约的次数还多。如果你不能清楚地记得每件事都做了没有，那么一定要把它记下来，并借助时间管理方法保证它能够按时完成。如果你的确因为有事而不能赴约，可以提前打电话通知你的约会对象。

（5）把未来某一时间要完成的工作记录下来

你的记事清单不可能帮助提醒你去完成在未来某一时间要完成

的工作。比如，你告诉你的同事，在两个月内你将和他一起去完成某项工作。这时你就需要有一个办法记住这件事，并在未来的某个时间提醒你。其实为了保险起见，你可以使用多个提醒方法，一旦一个没起作用，另一个还会提醒你。

（6）把做每件事所需要的文件材料放在一个固定的地方

随着时间的流逝，你可能会完成很多工作任务，这就要注意保持每件事的有序和完整。一般把与某一件事有关的所有东西放在一起，这样需要查找时，将会非常方便。当彻底完成了一项工作时，把这些东西集体转移到另一个地方。

（7）清理你用不着的文件材料

把新用完的工作文件放在抽屉的最前端，当抽屉被装满的时候，清除在抽屉最后面的文件。换句话说，保留一个抽屉的文件，总量不会超出这个范围。有的人会把所有的文件都保留着，这些没完没了的文件材料最后会成为无人问津的废纸，很多文件可能都不会再被人用到。我在这里所提到的文件材料并不包括你的工作手册或是必需的参考资料，而是那些用作积累的文件。

（8）定期备份并清理计算机

对保存在计算机里的文件的处理方法也和上面所说的差不多。也许，你保存在计算机里 95% 的文件打印稿可能还会在你的手里放 3 个月。定期地备份文件到光盘上，并马上删除机器中不再需要的文件。

NLP 法则：把时间当成生命

NLP 是神经语言程序学的英文缩写。N（Neuro） 指的是神经系统，包括大脑和思维过程；L（Linguistic） 是指语言，更准确点说，是指从感觉信号的输入到构成意思的过程；P（Programming） 是指为产生某种后果而要执行的一套具体指令。即指我们思维上及行为上的习惯，就如同电脑中的程式，可以通过更新软件来改变。

故此，NLP 也可以解释为研究我们的大脑如何工作的学问。知道大脑如何工作后，我们可以配合和提升它，从而使人生更成功快乐。

NLP 是对人类主观经验的研究。更直白地说，NLP 是一种思想的技巧。NLP 就是我们用语言来改变身心状态的具体方法。

NLP 关于时间管理的主要观点是：

（1）把时间变成生命。

（2）让你个人的力量最大化。

（3）把时间把握在自己手中。

（4）让自己每天比别人多一个小时。

NLP 时间管理的黄金法则包括：

（1）坚守价值观，用好时间做对事。

（2）注意力集中在身份、信念、价值。从管理生命的角度上来看，时间管理的三大根本是对价值观的管理、对状态的管理以及对习惯的管理。

（3）平衡各方面的需求。保持生活平衡是做对事的一个很重要的方面。不同的人对自己是否做对事有不同的评判标准，很多人都会把事情的结果是否符合自己的价值观作为评判标准。但其实，关键是要看行为是否符合客观规律。

（4）关注要事而非急事。通常来说，在重要而不紧急的事情上应该花费的时间是 65%~80%，但实际上，我们可能仅仅用了 15% 的时间去做这些事情。而对于那些紧急而不重要的事情，我们会花 50%~60% 的时间在这上面，但其实，它们只需要 15% 的时间去完成。

（5）自控力出问题不要批评自己。当个人的自控力出现问题时，不能将行为与个人等同起来，行为上的缺陷并不等于个人的缺陷。如果在出现问题时一味自责，就会打击自己的自尊心和自信心。我们可以批评犯错误的行为，但是这种批评是对事不对人的。我们要知道，做任何事情都比干坐着强。

（6）记录时间使用状况。要改善时间管理状况，就必须知道自己是如何使用时间的。否则就两眼摸黑，没有下手处。清楚自己的时间用在了什么地方是时间管理的起点。

（7）制订书面计划。如果每天工作之前能用 8 分钟做计划，并养成习惯的话，那么你每天就可以赢得一个小时的时间，用来处理其他重要事情。每天工作结束后，要开始制订第二天的计划，一旦做好了计划，你的潜意识就会通宵达旦地围绕着它转。通常，第二天醒来，就会迸发出灵感，让你更快、更好地完成任务。

（8）按照精力周期来安排一天的工作，便可以大幅度提高工作效率。可以把最重要的事情安排在精力最好的时候，精力低谷时，则可以利用这段时间来放松自己，做一些不太重要的事情。

（9）应对干扰。对干扰情况，进行分析。当你知道什么时间干扰最少时，就可以在这个时段来做重要的事情。

整理办公桌：别把时间浪费在找东西上

永远要记住，杂乱无章是一种必须祛除的坏习惯。有些人将"杂乱"作为一种行事方式，他们以为这是一种随意的个人风格。他们的办公桌上经常放着一大堆乱七八糟的文件。他们好像以为东西多了，那些最重要的事情总会自动"浮现"出来。对某些人来说他们的这个习惯已根深蒂固，如果我们非要这类人把办公桌整理得井然有序，他们很可能会觉得像穿上了一件"紧身衣"那样难受。不过，通常这些人能在东西放得这么杂乱的办公桌上把事情做好，很大程度上是得益于一个有条理的秘书或助手，弥补了他们这个杂乱无章的缺点。

但是，在多数情况下，杂乱无章只会给工作带来混乱和低效率。它会阻碍你把精神集中在某一项工作上，因为当你正在做某项工作的时候，你的视线不由自主地会被其他事物吸引过去。另外，办公桌上东西杂乱也会在你的潜意识里制造出一种紧张和挫折感，你会觉得一切都缺乏组织，会感到被压得透不过气来。

因此如果你的办公桌上经常有物品、文件堆积如山，你就要花时间来整理一下了，在这个时候花上半个到一个小时是值得的。

（1）把你办公桌上所有与正在做的工作无关的东西清理出来，把立即需要办理的找出来，放在办公桌中央，其他的按照分类分别放入档案袋或者抽屉里，这样做的目的是提醒你，你现在所做的工作应该是此刻最重要的工作，你一次只能做一项工作，你要把所有精神集中在这件事上，不能让其他工作影响到你。

（2）不要因为受到干扰或者疲倦而放下正在做的工作，转而去做其他不相干的事情。因为如果此项工作还未结束，就又开始另一项工作的话，你的办公桌就开始混乱。你一定要力求把你手头的工作做完后再开始另外的事情，即使这项工作遇到了阻碍，你也要尽量完成到一个再做它时容易开始的阶段。

（3）一项工作做完后，一定要把与这项工作相关的资料收拾整齐，并按照类别把它们放到合适的位置，千万不要把它们随意堆放在办公桌上。

（4）从办公桌上拿开目前不需要的书籍文件，将它们按照重要性和先后顺序的原则，进行分类。

在每天下班前，可以抽出几分钟把办公桌收拾干净，并且每天都按照以上的标准进行清理，这样你就可以安心结束今天的工作，为明天迎来一个好的开始打下基础。长此下去，养成习惯，你的办公桌一定会保持整洁，而这对于你的工作，是有百利而无一害的。

克服"拖延症"：人生有限，拖延有害

有一些谚语和格言很值得拖延的人玩味。

"犹豫是时间的盗贼。"

"等时间的人，就是浪费时间的人。"

"今天的事情不要等到明天去做，明天做的事，今天要去想。"

"少年辛苦终身事，莫向光阴惰寸功。十年老不了一个人，一天误掉了一个春。"

"年少力强，亟需努力；错过少年，老来着急。"

"明日复明日，明日何其多？"

"路从脚下起，事从今日做。"

人永远不要空等想象中的合适时机到来再做事情。通常人们安排一天的事情是按照轻重缓急来安排的。真正有效的时间管理应该按照事情的重要性。重要的事是排在急迫的事情前面的。根据二八定律，只占20%时间的重要事情可以收到80%的成效，而80%的琐碎事情只有20%的功效。

惰性与拖延是失败的祸根，其导致的不良后果不仅影响人的前途，还影响人的心理活动，使人形成不良的心理状态和性格缺陷。

如果你在工作中也存在同样的恶习，那么现在是你应该改正的时候了，以下几个切实可行的技巧会有助于你克服掉自己拖延的恶习。

（1）找出原因

是什么原因导致我们因拖延而无法完成某项工作？是寡断？无知？散漫？恐惧？疲倦？无法忍受工作中的乏味与不愉快？还是缺乏必备的条件？根据自己的具体情况具体指出拖延某事的原因，区分类别。如果能够正确地认清问题，则解决方法就会变得相当明确。如原因是信息不足，则可以开始寻找必需的资料。

（2）将目标分解

如果工作目标相当艰巨，则稍稍暂缓，拿出纸来思考，记下完成工作的所需步骤，步骤的幅度愈小愈好，将他们分解为一个一个的易于达成的小目标。这样一来就能消除心里的恐惧感与无处下手的困惑，并能在阶段性的任务完成后增加你的信心。

（3）10 分钟计划

有些工作难以分割成小块，如想清理积压如山的公文，大约需要一小时，实在很难将它简单分割成"即时工作"。这时，可试试 10 分钟计划，和自己做个约定，允诺以 10 分钟来做这些工作，时间一到，便可自由地做想做的事，或是继续 5 分钟。不管工作多么令人厌烦，仍须常常去做 10 分钟。10 分钟后，若不想接着干，则不要干，约定就是约定。在将工作撇开之前，记下另一个 10 分钟工作的时间。

把握住现在的每一刻。从现在开始做起，重要的是做，而不是拖延，只有在做的过程中，你才会越来越积极。

（4）找出使你备感苦恼的、习惯拖延的一个具体方面，然后去征服它

突破拖拉作风对你生活某一个方面的束缚，一种得到解脱和成功的感觉将会帮助你在其他方面去战胜它。

（5）为自己规定一个期限

但你不要暗地里规定一个期限，这样很容易被人忽视。要让其他人都知道你的期限，并且期望你能如期完成。

（6）不要避重就轻

避重就轻是人的天性，但到头来只会导致问题铢积寸累，难上加难。

（7）不要因为追求十全十美而裹足不前

有些人对采取行动望而却步，因为他们害怕自己干得也许不那么完美无缺。

（8）让自己把握眼前的5分钟，并努力切实地生活

先不要考虑各种长期的计划，应争取充分利用眼前的5分钟做自己要做的事情，不要一再推迟可以给你带来愉快的那些活动。

（9）立即行动

现在就去做你一直在推迟的事情，如写封信，实施你的写作计划。在采取实际行动之后，你会发现，拖延时间真的毫无必要，因为你很可能会喜欢自己一再拖延的这项工作。在实际工作中，你会

逐步打消自己的各种顾虑。

问问自己："倘若我做了自己一直拖延至今的事情，最糟糕的结果会是什么呢？"结果往往是微不足道的，因而你完全可以积极地去做这件事。认真分析一下自己的畏惧心理，你会懂得维持这种心理毫无道理。

给自己安排出固定的时间，如周一晚上 10 点至 10 点 15 分专门做曾被拖延的事情。你会发现只要在这 15 分钟内专心致志地工作，你往往可以做完许多拖延下来的事情。

要珍爱自己，不要为将要做的事情忧心忡忡。不要因拖延时间而忧虑，要知道，珍爱自己的人是不会在精神上这样折磨自己的。

认真审视你的现实，找出你目前回避的各种事情，并且从现在起逐步消除自己对真正生活的畏惧心理。拖延时间意味着在现实生活中为将来的事情而忧虑。如果你把将来的事情转变为现实，这种忧虑心理必然会消失。

鼓起勇气去干一两件你一直回避的事情：一个勇敢的行动可以消除各种恐惧心理。不要再强迫自己"干好"，因为"干"本身才是关键所在。

如果你所拖延的事情涉及其他人（例如搬迁、夫妻生活或调换工作），你应该与这些人商量一下，听听他们的意见。要敢于摆出自己的各种顾虑，这样将有助于你认识到自己的拖延是否完全是出于主观原因。在知心朋友的帮助下，你们可以共同分析问题、解决问题。不久，你就会完全驱散因拖延时间而产生的忧虑。

你要是希望改变客观世界，就不要怨天尤人，而要做些实际工作。不要总是因拖延时间而忧心忡忡，并为此而陷入惰性，应该努力消除这一令人讨厌的误区，争取投身于现实生活！做实干家，而不是希望家、幻想家或评论家。

克服浮躁：心神不定不如立即行动

浮躁是当前普遍的一种低效心理，表现为行动盲目，缺乏思考和计划，做事心神不定，缺乏恒心和毅力，见异思迁，急于求成，不能脚踏实地。比如，有的孩子看到歌星挣大钱，就想当歌星；看到企业家、经理神气，又想当企业家、经理，但又不愿为了实现自己的理想努力学习。还有的孩子兴趣爱好转换太快，干什么事都没有毅力，今天学绘画，明天学电脑，三天打鱼两天晒网，忽冷忽热，最终一事无成。

理智不能战胜情绪，能战胜情绪的只有行动。如果能立即行动，浮躁的情绪就能得到克服。

很多作家都有这样的经历：坐在电脑前，感觉脑子空空如也，于是感到烦躁和心神不定。

作家海岩的经验是：不管想法是否成熟，先在电脑上开始写作，即使是写一些杂乱的想法也行，只要安静下来，就能进入专注的工作状态。

这就是唯有行动才能稳住情绪的例子。

在心理学中，浮躁心理和浮躁情绪通过调节是可以得到克服的。具体方法有以下几种。

1. 立长志，而不是常立志

这点对于防止浮躁心理的滋生和蔓延是十分有利的。在立志时，要注意两点：一是立志要扬长避短。立志者经常不考虑自身条件是否可行，而是凭心血来潮，或看到社会上什么挣大钱，就想做什么。这种立志者多数是要受挫的。应根据自己的特点来确立目标，才有成功的希望，千万不要赶时髦。二是立志要专一。俗话说"无志者常立志，有志者立长志"。立志不在于多，而在于"恒"。要防止"常立志而事未成"。

2. 重视个人的行为习惯

首先，做事情要先思考，后行动。比方出门旅行，要先决定目的地与路线；上台演讲，应先准备讲稿。在做事之前，经常问自己这样一些问题："为什么做？怎么做？希望什么结果？"并要具体回答，写在纸上，使目的明确，言行、手段具体化。其次，做事情要有始有终。不焦躁，不虚浮，踏踏实实做好每一件事。一次做不成的事情就一点儿一点儿分开做，积少成多，聚沙成塔，积累到最后即可达成目标。

3. 有针对性地"磨炼"

练习书法，学习绘画，弹琴，解乱绳结，下棋等，有助于培养耐心和韧性。此外，还要学会调控自己的浮躁情绪。例如，做事时，可用语言进行自我暗示。如："不要急，急躁会把事情办坏。""不要这山看着那山高，这样会一事无成。""坚持就是胜利。"只要坚持不断地进行心理上的练习，浮躁的毛病就会慢慢改掉。

4. 用榜样教育

身教重于言教。首先要调适自己的心理，改掉浮躁的毛病，树立勤奋努力、脚踏实地工作的良好形象。用榜样如古圣先贤、科学家、发明家、文艺作品中的优秀人物以及周围人的优良品质来对照检查自己，督促自己改掉浮躁的毛病。

Chapter 04

聪明人掌控时间的 10 个习惯

要么不做，要么全力以赴

一位经理在描述自己心目中的理想员工时说："我们所亟需的人才，是意志坚定、工作起来全力以赴、有奋斗进取精神的人。我发现，最能干的大体是那些天资一般、没有受过高深教育的人，他们拥有全力以赴的做事态度和永远进取的工作精神。做事全力以赴的人获得成功的概率大约占到九成，剩下一成的成功者靠的是天资过人。"这种说法代表了大多数管理者的用人标准：除了忠诚以外还应加上积极的态度。决心固然宝贵，但有时会因力量不足、能力有限而受阻，而唯有全身心投入，方能长驱直入，无人能敌。

做什么事情，你都不能认为是在给别人打工，你不应该有任何的理由和借口，所以你必须全力以赴。

在我国东北地区，到了冬天的时候，人们喜欢去山里打猎。有一天，一个猎人进了山，看见了一只兔子，一枪打中了兔子的左腿，兔子没有死，猎犬就开始追兔子，追了三圈以后，兔子跑到它的洞里面，没有被猎犬抓到，但是兔子回到洞里面时已经鲜血满身，同伴问它怎么全身是血，兔子说，我刚刚被猎人打伤了左腿，我还被猎犬追。同伴更惊讶了，怎么可能没有被抓到呢？它说，你们知道吗，刚才在跑的时候，我在全力以赴地跑，而猎犬只是尽力而为，如果我不全力以赴地跑，我一定会死掉。但猎犬不同，它只是尽力而为，因为它即使抓不到我，猎人也不会把它打死。

一个企业经营者做事一定是全力以赴，因为他知道，如果他拿不下这个单就不能有利润，企业就会破产，所以他会全力以赴，他也想睡觉，他也想休息，他也想陪家人，他更想陪孩子，但是他为什么停留在市场上，因为他知道，某个机遇抓不住，他所有想要的都不会有好的结果，他非常清楚地知道，只有做好他要做的，才能得到他想得到的。我们做事一定要全力以赴，而不是尽力而为。

美国石油大亨约翰·洛克菲勒，是标准石油公司的创始人，也是世界上第一位亿万富翁。16岁时，他为了得到一份"对得起所受教育"的工作，翻开克利夫兰全城的工商企业名录，仔细寻找知名度高的公司。每天早上8点，他离开住处，身穿黑色衣裤和高高的硬领西服，戴上黑领带，去赶赴新的面试。他一再被人拒之门外，但他日复一日地前往，一连坚持了六个星期。在走遍了全城所有大公司都被拒之后，他并没有像很多人想的那样选择放弃，而是"敲开一个月前访问过的第一家公司"，从头再来。有些公司甚至去了两三次，但谁也不想雇他。可是洛克菲勒越受挫，决心越坚定。

1855 年 9 月 26 日上午，他走进一家从事农产品运输代理的公司，老板仔细看了他写的字，然后说："留下来试试吧。"并让洛克菲勒脱下外衣马上工作，工资的事提也没提。他过了 3 个月才收到了第一笔补发的微薄薪酬。这就是洛克菲勒的第一份工作，是他自己都记不清被拒绝多少次后才得到的工作。他一生都把 9 月 26 日当作"就业日"来庆祝，那热情，胜过庆祝他自己的生日。

全力投入工作需要你满怀热忱。没有对工作的热忱，你就无法全身心投入工作，就无法坚持到底，对成功也就少了一份执著；有了对工作的热忱，在执行中就不会斤斤计较，不会吝于奉献，不会缺乏创造力。

一个人一旦领悟了全力以赴地工作能消除工作辛劳这一秘诀，他就掌握了打开成功之门的钥匙了。能处处以主动尽职的态度工作，即使从事最平庸的职业也能增添个人的荣耀。我们不应该抱有"我必须为老板做什么"的想法，而应该多想想"我能为老板做些什么？"

全心全意、尽职尽责是不够的，还应该比自己分内的工作多做一点，比别人期待的更多一点，如此才能吸引更多人的注意，给自我的提升创造更多的机会。

你没有义务做自己职责范围以外的事，但是你也可以选择自愿去做，以驱策自己快速前进。主动是一种极珍贵、备受看重的素养，它能使人变得更加敏捷，更加积极。无论你是管理者，还是普通职员，

"每天多做一点"的工作态度能使你从竞争中脱颖而出。你的老板、委托人和顾客会关注你、信赖你，从而给你更多的机会。

无论做任何事，必须竭尽全力，因为它决定一个人日后事业上的成败。只有竭尽全力了，你才可以对自己说，成败与否都在我的掌控之中。

用行动代替抱怨

"实在是没办法！"这样的话，你是否熟悉？是否在你的身边，经常有这样的声音？当你向别人提出某种要求时，得到这样的回答，你是不是会觉得很失望？当老板给你下达某个任务，或者你的同事、顾客向你提出某个要求时，你是否也会这样回答？

有些人似乎总是能够为自己找到做不好事情的理由。而最充分的理由就是——实在没办法。一句"没办法"浇灭了很多创造的火花，阻碍了前进的步伐！是真的没办法吗？还是根本没有好好地动脑筋想办法？

森巴是一个16岁的男孩，他想在暑假来临之前找到一份工作。

森巴在广告栏上仔细寻找，终于选定了一个很适合他的专长的工作，广告上说找工作的人要在第二天早上8点钟到达76号街的一个地方。森巴在7点45分钟就到了那儿。可他看到已有20个男孩排在那里，他只是队伍中的第21名。

形势对他而言并不乐观。怎样才能引起特别的注意而竞争成功呢？这是他的问题，他应该怎样处理这个问题呢？根据森巴所说，只有一件事可做——想办法。因此他进入了那最令人痛苦也是令人快乐的程序——想办法。只要你认真思考，办法总是会有的。终于，森巴想出了一个办法。他拿出一张纸，在上面写了一些东西，然后折得整整齐齐，走向秘书小姐，恭敬地说："小姐，请你马上把这张纸条转交给你的老板，这非常重要。"

"好啊！"她说，"让我来看看这张纸条。"她看了不禁微笑起来。她立刻站起来，走进老板的办公室。老板看了也大声笑了起来，因为纸条上写着：

"先生，我排在队伍中第 21 位，在你没看到我之前，请不要作决定。"

最后，他得到了这份工作，因为他善于想办法。

一个会动脑筋想办法的人总能把握住问题的关键，也能够解决它。

上面这个故事充分说明了只要想办法就一定有办法。森巴懂得遇事必须想办法的道理，眉头一皱创意来，有了创意便有了优势，有了优势，机会自然属于他了。

著名的思维学家吴甘霖先生说："我相信，更好的方法出现，很大程度上来自于是否有一个好的心态！想办法是想到办法的前提。如果让脑袋放假，就算是天才，面对问题时也会一筹莫展，所以办法是在想的过程中产生的，它不会凭空而出。"

我们平时喜欢讲一句话："眉头一皱，计上心来。"其实，这是在特定时期、特定人物的状况。要有好的点子和想法，应当付出更多的努力。

从前有一名在轮船上工作的美国青年，一心一意想做百万富翁。为了这个梦想，他去请教了许多人。他们告诉他：你赤手空拳要做百万富翁，必须有方法才行。

于是，这名青年开始动脑子，想主意。美国许多制糖公司把方糖运往南美洲，但方糖会在海运途中受潮，给公司造成巨大损失。这些公司花了很多钱请专家研究，却一直未能如其所愿，而一个在轮船上工作的工人却用最简单的方法解决了问题：在方糖包装盒的一角留个通气孔，这样，方糖就不会在海上运输时受潮了。

这种方法使各制糖公司减少了几千万美元的损失，而且简直不花成本。这个工人专利意识十分强，他马上为该方法申请了专利保护。后来，他把这个专利卖给各制糖公司，成了百万富翁。

上面这个点子又启发了一个日本人，这个日本人想：钻孔的方法可用于其他许多方面，不光是方糖包装盒。他研究了许多东西，最终发现：在打火机的火芯盖上钻个小孔，能够大量延长油的使用时间。他凭着这个专利也发了财。

你看，这就是巧用方法获得成功的奥秘。

许多人抱怨自己做不好事情，得不到老板的青睐，原因可能就在缺少一个好的方法上。不要说没有办法，其实办法总比问题多！

不留后患：第一次就把事做对

其实我们做事情最怕的就是辛辛苦苦了一场，等来的却是不合格，要求重做。费尽心思做的东西相当于白费了，以前的时间也是一去不复返了，所有的事情前功尽弃。

为了防止这样的事情发生，最好的方法就是一次性把事情做好，避免了以后修改或者是重做的麻烦，也防止了时间的浪费。

"第一次就把事情做好"是一种追求精益求精的工作态度。许多人做事不精益求精，只求差不多。尽管从表现上看来，他们也很努力、很敬业，但结果却总是无法令人满意。

有位广告经理曾经犯过这样一个错误，由于完成任务的时间比较紧，在审核广告公司回传的样稿时不仔细，在发布的广告中弄错了一个电话号码——服务部的电话号码被他们打错了一个。就是这么一个小小的错误，给公司带来了一系列的麻烦和损失——公司的广告被重新修改，并引起客户的很大不满。

我们平时经常说到或听到的一句话是："我很忙。"是的，在上面的案例中，那位广告经理忙了大半天才把错误的问题料理清楚，使其他工作不得不靠加班来完成。与此同时，还让领导和其他部门的数位同仁和他一起忙了半天。如果不是因为一连串偶然的因素使他纠正了这个错误，造成的损失必将进一步扩大。

第一次没做好，也就浪费了做事情的时间。第二次把事情做对了，但从时间上来说，是既不快，也不便宜，而且有的时候，机会没有第二次了。

由此可见，第一次没把事情做对，忙着改错，错中又很容易忙出新的错误，恶性循环的死结越缠越紧。这些错误往往不仅让自己忙，还会放大到让很多人跟着你一起忙，造成巨大的人力和物资损失。

在行为准则的贯彻执行上"第一次就把事情做好"是一个应该引起足够重视的理念。如果这件事情是有意义的，现在又具备了把它做好的条件，为什么不把它做好呢？每个人只有把事情一步一步地做对了，才可能达到第一次就把事情做好的境界。

"第一次就把事情做对"。这个概念也许令人疑惑：怎么可能第一次就把事情做对呢？人又不是神仙，怎么可能不犯错呢？不是允许合理的误差吗？不是允许一定比例的废品吗？

但是从丰田公司的全面质量管理和准时化生产中来看，人们会惊奇地发现，原来，第一次就把事情做对不仅是可能的，而且是一定要做到的。想想看，整条流水线上，每一个零配件生产出来之后马上就会被送去组装，因为没有库存，任何一个环节出了质量问题，都会导致全线停产，所以必须百分之百地"第一次"就把事情做对。

芝加哥市政厅的一份研究报告披露说，在芝加哥因工作马虎造成的损失，每天至少有 100 万美元。该城市的一位商人曾对我说，他必须派遣大量的稽查员，去各分公司检查，尽可能地制止各种马虎行为。在许多员工眼里有些事情简直是微不足道，但积少成多，积小成大，一些不值一提的小事会影响他们在老板心目中的形象，影响他们的晋升。

一家公司的墙上挂着这样一句格言："在此一切都求精益求精。"

精益求精！如果每个人都能恪守这一格言，其自身素质不知要提高多少！也不知道要减少多少灾祸！无论做什么事，都能尽善尽美地努力，以求得至美的结果，它不仅能提高工作效率和工作质量，而且能够树立起一种高尚的人格。

这是一句令人心生感触的话，值得每个人终生铭记！

要想一次就把事情做好，至少应该记住一点：在做事之前，哪怕是一件小事，也要前前后后想清楚了，除了已经想到了要做的事情之外，还有什么事情是相关的？有什么可能的情况出现？对各种可能的情况有什么对策？等等。总之一定要多想！

学会专注：一次只做好一件事

你是不是看见过这样的情景呢？

"真的好喜欢同时做几件事情！感觉像超人。"栀子说，"我觉得我是典型的双子座。"她还很相信星座。

每次打开电脑她都要重复做几件事，打开不同的几个邮箱，查看歌迷会的帖子，看自己的空间留言，百度也要走几趟，电影院的网站也要看新的影片预告。这些都是最基本的常规行为了，大概做完这些才能够安安稳稳地继续看看新闻和写东西，在写东西的时候都一定要听着歌曲或者她喜欢的戏剧。

栀子说她就是这样的，中学的时候作业很多，功课也很繁重，别人都需要安安静静地专心做一件事，但她不是。她总要听着歌曲或音乐才能静下来做事。睡觉的时候，为了培养睡意她都要开着收音机，现在则是给电脑设个定时关机，给自己大概半小时的听东西的时间，她听着听着睡着了，电脑也正好关机。

在外人看来，栀子的生活绝对是多姿多彩，工作这回事绝对不会成为她的生活重心，游戏、玩耍、和朋友聊天吃饭、学英文、跳韵律舞、练瑜珈，每件事情都满满地排在她的行程表上，就怕到了工作旺季，加班外加处理家务时，恐怕得拿起麦克风来唱！

她事情倒是做得很多，可是效率问题呢？肯定不会高，我们只有静下心来，专心于一物，心无旁骛，一心一意，才能把那件事做完做好。如果好高骛远，同时做好几件事情，那你就需要一会儿想这个，一会儿考虑那个，也许你的头脑还没有转换过来呢，就在进行别的事情了，这样怎么做得好呢？所谓"搏二兔不得一兔"，就是这样，两条腿走路，一颗心做事。

古往今来，凡是卓有成就的人，他们都有一个共同点，那就是很注意把精力用在做一件事情上，专心致志，集中突破，这是他们做事卓有成效的主要原因。

法国著名侦探小说作家乔治·西默农在写作的时候，就把自己完全和外界隔绝开来，不接电话，不见来访的客人，不看报纸，不看来信。也许他的方式是常人难以理解和做到的，但结果就是他能在相同的时间内完成常人花 10 倍时间也难以完成的任务。他之所以能成为成功人士，不是因为他有比我们更高的天赋，而是因为他做事情比我们更加专注，更善于利用时间和管理时间。

在所有时间管理的原则中，最基本的一条莫过于要专心致志。那些在时间管理上有严重问题的人，大都因为他们想同时做太多的事情。的确，有些事情也很重要，不过没办法一次性解决。只有按照合理的次序，才能做到有条不紊。心急吃不了热豆腐，想一口吃成个胖子的想法是不切合实际的。

一次只专心做一件事情，全身心投入并积极地希望它成功，这样你就不会感到筋疲力尽，不要让你的思维转到别的事情、别的需求或别的想法上去。专心于你已经决定去做的那个项目，放弃其他所有的事情。

同时要做几件事，这种急功近利的做法是不可取的。当你集中精力于眼前的工作时，你就会发现你将获益匪浅，你的工作压力会减轻，做事不再毛毛躁躁、风风火火，变得条理清晰。

把你需要做的事想象成是一大排抽屉中的一个小抽屉。你的工作只是一次拉开一个抽屉，令人满意地完成抽屉内的工作，然后将抽屉推回去。不要总想着所有的抽屉，要将精力集中于你已经打开了的那个抽屉。一旦你把一个抽屉推回去了，就不要再去想它。了解你在每次任务中所需担负的责任，了解你的极限。如果你把自己弄得筋疲力尽和失去控制，那你就是在损失你的效率、健康和快乐。选择最重要的事先做，把其他的事放在一边。做得少一点，做得好一点，才能在工作中得到更多的快乐。

一个人的精力是有限的，所以才需要我们对时间做更好的安排，按照事情的重要程度来依次往下做。只有这样的人才能知道轻重，不会一会儿挖地，一会儿放牛，摸不清自己的方向，做事没有效率。

一个人围着一件事转，付出了100%的精力；一个人围着全世界转，付出的努力就微乎其微了，最后全世界可能都会抛弃他。我们要选好重要的事情做下去，一个时间做好一件事情。

当有更重要的事时，立即调整日程

正所谓人是活的，社会是变的，突然的事情是不可避免的。不管你的日程安排得多完美，不可阻挡的突发事件总是会发生，这个时候可能就会打破你的计划了，当然要不要把突然发生的事件做临时处理，就要看发生的事情是否重要了。

不要可惜花了长时间做的计划被打乱了，因为我们订计划也是为了更好地工作。执行计划的标准是以工作的完成为标准的，如果在哪个时间内没有完成工作的话是不能随便放下工作去做下一项的，时间的标准只是一种督促，而不是绝对的。当然这不是说可以拖拉地做事，不要效率的约束。

有的时候，一件突然而至事情会打乱整天的工作安排，这个时候我们就要以一定的标准来评判一下，看看这件事情是否重要，要不要打乱整个计划。重要的事情是允许的，也是必需的，这样处理符合要分清事物轻重缓急的原则。有的人因为工作安排被打乱，常常心里浮躁，觉得乱套了，其实没有必要，这是按照工作需要而采取的正常的计划调整。

在处理紧急事务时，应考虑这几点因素：

（1）不处理或推迟处理可能有什么损失？

（2）个人参加与否是否关系大局？

（3）其他人是否同样可以解决这个问题？

每件事情都可以拿这几个标准来评价，当你处理它而让计划打破了的损失大于不处理它的时候，你就要按照原计划来实施了；当你遇到的事情并不是很重要，你不处理也不会有多大的影响时，最好还是不要去影响大局的变化；当别人可以帮你解决这个问题的时候，那你可以不用亲自去做了。

虽然说计划的打破有时候是必要的，但是打破以后必然会带来一些麻烦。我们能够避免的时候就要尽量躲开。

例如，你给一家公司的营业代表以半小时的时间介绍业务和让对方游说你，半小时已经定下了，可是，在见面以后，你却因为对方是漂亮的女士而让她继续讲下去，以致一两个小时都未完，妨碍了工作进度，这是不容许的。唯一可容许的理由，是你发现她提供的服务十分适合你的公司，对公司有极大好处，因而打乱了原来的计划。

前文说过了，定时间计划的时候要保持计划的弹性，当遇到一些事情重要但是不紧急的时候，我们就可以利用弹性的时间来解决这些问题，而不必要改变全局。

随着事业走上正轨，重要的事项越来越多，很多琐事，最好交给其他人代劳。现在是电脑化时代，电讯科技甚为发达，电脑的普及带来很大的便利。它的功能非常复杂精细，用途极广，很多工商业机构及政府部门，都使用了电脑办事，这为取得服务的人带来了很大的方便，你也应该善用电脑及各类因电脑而变得非常迅速快捷的服务。

当然如果你的事情很重要的时候，你就要决定是否放弃手上正在做的事情了。正确的做法应该是遵循轻重缓急的原则，把最重要和必须解决的事情摆在首要的地位。

很多时候，时间计划都会产生变化，人不要太死板，不要陷入教条主义。各种计划都是为了让你更好地完成杂乱的事情，如果只是死板地执行，那么也许会产生很多的问题。要懂得活用，把最重要的事情优先完成。

善用"每日备忘录"

备忘录是说明某一问题事实经过的外交文件。备忘录写在普通纸上，不用机关用纸，不签名，不盖章。备忘录可以当面递交，可以作为独立的文件送出，也可作为外交照会的附件。使用好了备忘录，可以让你的工作更有效地展开。

很多人都有记备忘录的习惯，因为人都有遗忘的时候，为了不把一些事情忘了，特别是一些临时的事情，不需要长期记住但是到那个时候必须要的。有了一个备忘录，并且经常翻一翻，能有效地提醒自己。

一个高效的人都要有记录并且察看备忘录的习惯，把你要做的或者是现在正在做的，现在突然想到的东西都记录下来，定时去翻看一下，把已经解决了的事情划掉，把要用的想法或者其他的东西都很好地保存。

好多时候，我们都直接在日历上标记，作为一种时间的提醒，哪天有什么事情或者是已经发生了什么事情有短时间的意义存在。但是我们经常有这样的事情发生，同一天有很多的东西要记，日历上画的符号太多就不知道什么代表什么了，想要书写文字也写不下，因此，我们应该看看周围的人都用什么作为有效的备忘录。

一般来说，你的"每日备忘录"该是一些大信封、卷宗、档案夹、活动时间、抽屉或盒子，从 1 号到 30 号，或从 1 月到 12 月，加以编号。

备忘录的作用很多，首先来说，肯定是一种提醒作用了，你要做的事情，需要查找的资料等，都可以先在对应的时间上记录下来。

我认识学校的一个教授，他的项目很多，随着出去的时间就多了，很多时候都记不住有些会议要开，还因此遭到了一些不满的抗议。后来他听了建议，做了一个备忘录，把自己一些要开的讲座，要开的会都记录上，并且详细记录讲座或者会议的时间、地点、内容、要带的东西。这样之后，虽然他还是会忘记，但是有了翻看备忘录的习惯，就不会错过这些事情了。而且不会因为要记这些事情而花掉太多时间，在适当时候，你便知道你的约会、计划和文书工作，你也因用不着分心于其他事，而相当有效率。我们确信"每日备忘录"这种方法，能让你花最少的时间和精力去增进工作效率。你不妨试一两个月，看看它所带来的好处吧。

其次，备忘录可以让你看到自己事情的进度。如果长时间没有向前发展的趋势，也许还可以促使你产生一些强的动力来改变自己。例如你想要学习游泳，但是由于下不了决心，一直这个想法都只是想法而已，几个月下来了，备忘录上还留着当时的印记。这时你可能也会羞愧于自己的懒散，下定决心去做了。

每日备忘录里面还记载着你随时的想法，当你以后再去翻看的时候，就能作出新的明智判断。一般来说，人都会有冲动去购买或者直接做一件事情，而不进行仔细的思考。比如说，突然有一种想法，想要报考工程师，你不必要马上就去买书复习，而是可以把你现在的想法记录下来，到时间了再看看你的想法可行吗？经过了时间的考验，你再作出的决定就不会错了。

或者说，有人想听听你对某件事的看法和建议，此时你无需凭空臆测，只要通过你所看到的，表示出自己的想法就行了。隔天再把问题和答案记在"每日备忘录"——可能的话不要隔得太久。当你再看一次时，你便可以借机把原先的判断当成是别人的，而重新加以评估。这样做你将会惊异地发现，你做了多少愚蠢、仓促和肤浅的判断。

所以，"每日备忘录"真的是一个必不可少的东西，高效率的工作是离不开它的，精心做好备忘录也是一项工作。

携带纸笔，随时记下闪现的灵感和点子

很多人不相信灵感，但是人有时候的确就是能突发奇想。但是很多时候，这种突然而来的东西很快也就过去了，不及时抓住就没有意义了。其实灵感不是胡说的东西，它是一种思维形式，只是不同于逻辑思维而已。

很多时候不也有这样的经历吗，你绞尽脑汁也想不出来的问题，也许你在干别的事情时，突然就有了一种特殊的想法，刚好就是一个绝妙的点子。

创新大多起始于人大脑中产生的灵感，创新是人类想象力的产物，或者说灵感是创新的起点，灵感还是创新的核心和灵魂。20 世纪世界上最伟大的科学家爱因斯坦曾经说过："想象力比知识更重要，因为知识是有限的，而想象概括着世界上的一切，推动着社会的进步，并且是知识进化的源泉。严格地说，想象力是科学研究中

的实在因素。"当代世界最伟大的科学家霍金说："推动科学前进的是个人的创见。"美国创意顾问集团主席汤姆森说："灵感成了最具决定性的创造力量。"

灵感有一个很重要的特点，就是产生的突发性。灵感既不能预测，也无法邀请。当你千言万语呼唤着灵感时，它却不理你。而当你感到失望甚至绝望时，它却突然来拜访你，给你一个惊喜。往往是"终日觅不得，有时还自来。""踏破铁鞋无觅处，得来全不费功夫。"

灵感的另一特点就是它的短暂性。灵感往往像电光石火，一闪而过，转瞬即逝。它是智能中的一颗流星，当人们还来不及认识它的面目，估量它的价值时，往往就消失得无影无踪；那些美的光线，美的色彩，美的形体和美的动态常闪现一下就隐没了，也许一去不复返，因此必须及时加以捕捉。你当时不把他记下来你就会错过他，而再也想不起来，所以我们要随身携带纸笔，随时记下冒出的灵感和点子。

苏东坡在谈到写诗的灵感时说："作诗之急追亡逋，情景一失永难摹。"诗人臧克家认为，诗人进入创作情景时，诗情澎湃，如钱塘怒潮。大脑中有一条"热线"，如果把这条热线打断就不容易接起来。因此在灵感来临时必须及时捕捉，将它记录在案。

爱因斯坦有一次在朋友家吃饭时，突然想到一个重要的公式，他来不及找纸，就在主人的新桌布上写下了那个公式。牛顿在一次宴请宾客时，去储藏室拿酒，途中忽萌灵感，他忘了拿酒，也忘了同伴，在自己的小书房里紧张地工作起来。意大利作曲家威尔第有一次正在教堂里做弥撒，忽然灵感来了，他立即从讲坛上冲下来，跑入一间圣器收藏室，写下了一首曲谱的主题，然后再去做弥撒，但教堂的负责人不理解这种创作方式，下令把他逐出了教堂。

灵感仙子既不轻易来临，也不长久逗留，这就使她显得更神秘、更宝贵。当她来拜访你时，你要像画家那样，快捷地速写下她的形象，然后再加工完善，涂上艳丽的色彩，呈在你眼前的将是一幅精美绝伦的图画。

澳大利亚动物病理学家贝弗里奇说："人们都有这样的体会：新想法常常瞬息即逝，必须集中注意，牢记在心，方能捕获。一个普遍使用的好方法就是养成随身携带纸笔的习惯，记下闪过脑际的有独到之见的念头。"

诺贝尔奖金获得者英国化学家弗朗西斯·阿斯顿对思想上闪的火花绝不放过，只要有所领悟立即记录下来。有一次，他突然来了灵感，一时找不到纸，就顺手从妻子的口袋里掏出一方手帕来写。德国数学家希尔伯特有一次看戏，当他看到第二幕时，突然想到一个难题的答案，他立即退场回家把它记下来。

奥地利作曲家斯特劳斯一生写了 462 首曲子。有一次灵感袭来，但他没有带纸，就脱下衬衫，在衣袖上写下了流传百年、蜚声全球的不朽之作《蓝色的多瑙河》圆舞曲。

法国 18 世纪启蒙思想家卢梭为写好一篇文章而日思夜想。有一次，当他闭着眼睛思考时，许多极好的命题和漂亮的词句联翩而至，他马上披衣而起，但这些命题和词句却又消失了。他重新睡下，这些命题与词句又跳进脑海，他又起来想写下来，但又消失得无影无踪。如此反复多次。于是他就请求他的岳母坐在床前。他睡在床上，合着双眼，把他想到的内容念出来，让岳母记下。就这样一个早上接着一个早上，终于写成了这篇文章，并在征文中得了奖。

美国科学家坎农经常晚上来灵感，他说："长期以来，我靠无意识的作用过程帮助我，已成习惯。我把纸笔放在手边，以便随时记录闯进来的新想法。"

有了这么多的古今中外人物的经历作为佐证，足以看出灵感的重要性和它的短暂性，当你的头脑有了突然的想法时，一定要把它记录下来。为了不留遗憾，一定要记得随身带着纸笔，让你的小本成为你重要的智囊袋，让你的灵感不会消失掉。

当然灵感不仅是需要记录的，有时候也需要我们去激发大脑来产生灵感，凡是善于引发灵感，能够形成创造性认识的人，都很会用脑。一般人以为显而易见的现象，他们产生了疑问；一般人用习惯的方法解决问题他们却有独创，他们的特点是喜欢独立思考，遇事多问几个"为什么？"多提出几个"怎么办？"

科学地扩充时间：把一天利用成 48 小时

试想想，你如果一天有 48 个小时，那你就拥有更多的时间去做要做的事情，就不会觉得一切是那么的拥挤。但是，实际上，上帝是公平的，每个人一天都只有 24 个小时，重要的是看你怎么去利用。我们要把 24 小时用得比别人多 1 倍，那么你就拥有了 48 个小时的效率了。

人的一生以 70 年计，大约有 25 000 多天，超过 600 000 个小时。但这只是"表面时间"而并非"实际时间"，可供使用的"实际时间"还没有这么多。清人张际亮曾在《自题读书齐壁》中就这一点作过一番感慨：

"夫人之生世也，其大约准之七十。其间可以志学学者，约四十年耳！而仕、疾病、奔走、婚嫁、丧祭酬应、嬉游之日又分之……"

其情貌切，溢于言表，可见古人对时间是相当珍惜的。

鲁迅说过"时间像是海绵，要靠一点一点地挤"，塞涅卡也说"如能善于利用，生命乃悠长"。速度越快，时间就相对越快，因此只要你愿意，你的一天将是 48 小时，而不是 24 小时。

我们用掉的琐碎时间很多，每天都在重复一些不必要的浪费，例如有人约你一起吃中午饭而迟到，于是你只能等待；或在银行排队而向前移动缓慢时，不要把这些短暂的时间白白耗掉，你完全可以利用这些时间来做一些平常来不及做的事情。我们定下了目标，每个阶段都有一些小目标可以做，但是有时候总是有一些事情来干扰了，因此，在这样的时间内我们就可以处理一些重要的事情。

不要被无聊的人缠住，也不要在不必要的地方逗留太久。在现实生活中，一个人只有学会说"不"，他才会得到真正的自由。成功的人大多是有个性的人，他们敢作敢为，敢于说 "不"。他们的心里有一个闹钟，当"不得不走"时，它就会及时响起。他们懂得限制时间，不仅是对自己，也是对别人。脱口秀明星拉瑞方鹣发现在生命中得到的愈多，不论是职业上或金钱上，你就可以挑选得愈挑剔，我现在已经没有非去不可的午餐了。

对于个人来说，时间都是你自己的，如果你不提高自己的办事效率，那浪费的都是自己的时间，如果是因为别人的原因而浪费时间，那就更加不值了，不要抱怨别人，而要想办法杜绝这样的浪费。

生活中有许多零碎的时间很不为人注意，其实这些时间虽短，但却可以充分利用起来做一些事情。比如等车的时间可以用来思考下一步的工作，翻翻报纸乃至记几个单词。成功不是摸大奖，它需要日积月累的努力，需要心平气和的等待。

在人人见面问候变成"最近忙什么？"的社会，这些小时间的掌握是很有意义的，我有一个经验是这样的，如果我把一天的时间分成几个大块来做事，另外一种就是分成很多的小时间段，对比起来，时间被分割得愈厉害，无形中也流失得愈迅速。因此我们可以在袋子里随时放着小账本，利用时间做个小结，保证省下许多力气，而且随时掌握自己的荷包。

有个 IT 行业的人建议他的朋友道：

"Gtalk 是我最经常使用的 IM 软件，格外小巧，我把 Gtalk 设置为开机自动登录，丝毫不影响计算机速度。Gtalk 有 Gmail 的来信提示，能保证我第一时间阅读新邮件。因为他的小巧，所以在打开无数个大型软件时，Gtalk 聊天窗口弹出来也不会给你制造假死机，但 QQ 似乎做不到这点。另外你可以在 Gtalk 增加 Twitter 和 Anothr 这两个机器人。Twitter 算是一个小型的 Blogging 工具，可以及时地发布信息到网上，而 Anothr 则是一个 RSS 订阅工具，可以把经常阅读的新闻和 Blog 添加到里面，Anothr 可以让你及时阅读订阅的更新内容，同样也是抢沙发的好工具。这里不注重介绍 Twitter 和 Anothr，到网上搜一下到处都是了。因为 Gtalk 英文版功能支持文件传送和语音邮件等功能，因此建议使用英文版 Gtalk。Gtalk 不能视频，语音效果也不算太理想，如果经常用语音沟通的朋友建议安装 skype，但是我个人不喜欢 skype，我的 skype 上面一个朋友也没有。"

他介绍的这一堆东西，主要是告诉我们在平常怎么用一些软件来节约我们的时间，电脑是现在的一种必需的工具，可是如果你常用的软件不好用的话，那就不能给我们的生活带来便利。

所以，不管在哪个方面，我们都要仔细考虑一些小节，找到可以改善的地方，以少聚多，不久你就会发现小时间能办成很多的大事。这样你的时间就会比别人多，效率比别人高，相对时间就比别人多很多了，一天作 48 小时来用就不是问题了。

每晚自我反省，寻找可以改进之处

古人云，吾日三省吾身，一句很简单的话却蕴涵精深的道理。人只有不停地通过反省和自我反省，方能不迷失，方能有所提高……

一个人之所以能够不断地进步，在于他能够不断地自我反省，找到自己的缺点或者做得不好的地方，然后不断改正，以追求完美的态度去做事，从而取得一个又一个的成功。

中国著名的学者曾子说："我每天多次自我反省：为别人办事是不是尽心竭力了？和朋友交往是不是做到诚实了？老师传授的学业是不是复习了？"孔子认为曾子能够继承自己的事业，所以特别注重传授学业于他。

一次，曾子对他的学生子襄讲什么是勇敢，就直接引用孔子的话，他说："你喜欢勇敢吗？我曾听孔子说过什么是最大的勇敢：自我反省，正义不在自己一方，即使对方是普通百姓，我也不恐吓他们；自我反省，正义在自己一方，即使对方有千军万马，我也勇往直前。"

事实上，每个人在做事的时候都要持有自我反省、自我修正的态度，并以不断的追求去实现自己美好的愿望。一个善于自我反省的人，往往能够发现自己的优点和缺点，并能够扬长避短，发挥自己的最大潜能；而一个不善于自我反省的人，则会一次又一次地犯同样一些错误，不能很好地发挥自己的潜能。《周易》说："谦谦君子，卑以自妆"，就是说人要反省自我。

有一位小伙子，大学毕业后进入一家非常普通的公司工作。公司安排新员工从基层做起。其他新员工都在抱怨："为什么让我们做这些无聊的工作？""做这种平凡的工作会有什么希望呢？"这位小伙子却什么都没说，他每天都认认真真地去做每一件领导交办的工作，而且还帮助其他员工做一些最基础、最累的工作。由于他的态度端正，做事情往往更快更好。更难能可贵的是，小伙子是个非常有心的人，他对自己的工作有一个详细的记录，做什么事情出现问题，他都记录下来；然后，他就很虚心地去请教老员工，由于他的态度和人缘都很好，大家也非常乐于教他。经过 1 年的磨炼，小伙子掌握了基层的全部工作要领，很快，他就被提拔为车间主任；又过了 1 年，他就成了部门的经理。而与他一起进去的其他员工，却还在基层抱怨着。

这个小故事就是告诉我们，生活中总会有挫折与失败，一味抱怨不会有什么突破性的发展，如果虚心地反省自己，改正提高自己，那么你最后怎么可能不成功呢？

自古以来，我们中国就很重视反省，反省也是自我修养的手段，"金无足赤，人无完人"，每个人都有缺点，都会犯错，不反省就不知道自己的缺点在哪里，也就不知道怎么去改进自己了。

邹忌认为自己很美，但是不知道跟城北徐公相比哪一个更美，就请他的妻、妾、客裁定，妻、妾、客都异口同声地说他比城北徐公美。第二天城北徐公来了，他对镜自照，结果发现自己远远不及城北徐公美。这是怎么回事呢？为什么妻、妾、客一起都吹了黑哨呢？于是他开始自省：原来，他们吹黑哨是因为私心在作怪啊！于是，他就把这些道理告诉齐威王，于是齐威王就纳谏除弊，于是齐国就"战胜于朝廷"，很快走向强大。

邹忌能自省，使自己的国家走向强大。

苏秦第一次出去求官，跑了很多国家，见了很多国王，马跑瘦了，车跑坏了，吃了很多苦，结果碰了一鼻子的灰，没有一个国家愿意任用他；回家后又得不到家人一句温暖的话语，反而遭到冷眼和讥笑。苏秦就开始反省了：堂堂男子汉，不能说动人主，不能取得功名，真是枉生天地间啊！可是为什么不能说动人主取得功名呢？是不是我说的道理不够深刻呢？是不是我说的话不够生动呢？于是就有了"头悬梁，锥刺股"的佳话，于是就有了一身而挂六国相印的美谈。

苏秦能自省，使自己走向成功。

法国牧师纳德·兰赛姆去世后，安葬在圣保罗大教堂，墓碑上工工整整地刻着他的手迹："假如时光可以倒流，世界上将有一半的人可以成为伟人。"一位智者在解读兰赛姆手迹时说："如果每个人都能把反省提前几十年，便有50%的人可能让自己成为一名了不起的人。"

所以，建议每个人都在晚上睡觉之前，像过电影一样回首一下一天的事情，思考一下一天中的不足之处，想想改进的方法，每天坚持这样你就能越来越完美。

办事有条理，才能少花力气

办事没有条理的人，会把事情办得乱七八糟。除了上班时间，他的很多时间都是在办公室里度过的，但他的办公桌却像个垃圾场。这样的工作安排，不仅浪费了他很多时间，也直接影响了工作业绩。

而办事有条理的人，总是表现得很平静很祥和，做事情非常有条理，从来不会给人以忙忙碌碌的感觉。别人跟他交谈的时候，他也总是表现出极大的耐心，让人觉得彬彬有礼。在他的办公室里，各类不同的资料都摆放得有条不紊，他每天都会整理自己的办公桌。各种事情都安排得恰到好处，业绩蒸蒸日上。每件事情都处理得干净利落。

"办事情条理化"已经被美国哈佛经典教材《管理之门》列为管理人必须做到的一项基本工作。

要想在竞争激烈的职场上有所作为，"办事情条理化"的作用是不可低估的。因此，遇到事情别忙着去做，先想好该如何去做往往能收到意想不到的效果。

如果你把最重要的任务安排在一天里最有效率的时间段去做，你就能花较少的力气，做完较多的工作。

办事条理有序化是一种非常理性的做事信念，它包括对办事顺序的合理安排，对时间的严格分配等。而不会出现像多动症患者一样，东一榔头，西一棒子，弄得满地鸡毛的情景。

客人来了，要泡茶，就要洗茶杯、找茶叶、烧开水。而完成这件事可以有各种不同的顺序：

找茶叶→洗茶杯→烧开水；

洗茶杯→找茶叶→烧开水；

找茶叶→烧开水→洗茶杯；

洗茶杯→烧开水→找茶叶；

烧开水→找茶叶→洗茶杯；

烧开水→洗茶杯→找茶叶；

前面两个顺序最费时，最后两个顺序效果最好。可不是吗？等洗茶杯与找茶叶这两件事做完后才想起烧开水，就费时了。如果先烧开水，在烧水的同时洗杯子、找茶叶，效果就好多了。

统筹做事往往能达到事半功倍的效果。泡茶只是一件很小的事，对于步骤更多的事，需要我们进行更细致的分析。

Chapter 05

聪明人高效工作的人际沟通术

时间只有不被浪费才能更好地利用，唯有自己才能够杜绝这种浪费的发生。生活中看似平常的习惯都在窃取着宝贵的时间。

冗长而无聊的会议发言，时刻不断地被打断要求帮助，滔滔不绝的电话声，翻天覆地地找东西。

一切浪费行为都是自己造成的，只有养成良好的习惯，才能让浪费这个贼不敢再进家门。

培养紧急意识，使用快节奏工作

我们总是看见这样的人存在：看起来似乎忙得很，但是事情总是做不完，时间总是不够花，而且成绩也不好。

人的天性总是先去做那些紧急的事情，但往往重要的事情不紧急，紧急的事情不重要！

　　而且很多人实际上根本就没有一种紧迫感，所以他们的生活其实并没有看起来那样的忙碌，而是非常懒散的。他们并不喜欢快节奏的生活，他们总是在工作的时候想找人聊聊天，找机会出去喝喝茶什么的。就这样，能拖的事情就往后拖，不到最后的期限不着急，两小时就能做完的事情也要做一天。被别人催了之后才开始心慌，开始忙乱。本来要花两天处理的事情，他被逼急了只一天就做完，完全达不到所要的结果。

　　公司职员小王就是这样的人，工作不紧急的时候总是喜欢拖一拖，搁一搁，中途喝杯饮料或者跟人聊会天，结果工作常常要拖到下班后才能做完，总是觉得没有好好休息的时候，觉得工作压力很大很累。而跟小王同时进公司的小蒋却与他不同。小蒋做事很利落，反应迅速，应对及时，每天都准时下班，下班后还常去旅游交友，完成的工作却比小王更多更好，很受老板的赏识，马上就要被提拔去当部门经理，成为小王的顶头上司了。

　　小王和小蒋同样花费了时间，却取得了不一样的工作效果，甚至是工作效果好的小蒋花的时间更少。显然，这是工作意识和时间观念上的问题。

　　像小王一样的大有人在，存在于每个公司里，对他们来说，好像时间的浪费根本不是什么问题，他们都是等着有事情了就做，没有就拖延着时间，根本不会主动地把事情早点做完，到最后，还觉得自己很忙。

　　没有时间紧迫感的人浪费了时间，做事效率很低，把时间都花在了工作上，没有得到理想的效果，更没有自己可支配的时间。克服这种拖延的办法是每天早上起来对自己说："立刻去做！立刻去做！"培养紧急意识，让自己成为一个行动迅速的人。

我们的时间是有限的，生命的短暂决定了很多人不可能成功，在这短暂的生命里如果再浪费时间，那么就真的不会有傲人的成绩了。我们应该随时保持着紧迫感，感觉到时间的流逝，剩下的时间越来越少，而且外界和自身的变化都是不定的，没有永远安逸的环境。应该提高办事的效率，快节奏地工作，快速地把事情做完，给自己多一些时间来做自己需要做的事情。

格里在威格利南方联营公司当了20多年的总经理，该公司是美国最成功的超级市场之一。

第一，他的工作记录几乎为所有的总经理所羡慕。这个记录中包括连年不断的销售记录和利润记录。

第二，他毫不松懈地连续应用计划、组织、授权、激励、评价和控制等项目基本原则，显示了他献身专业管理的精神。他曾多次应邀到许多国家的总经理协会给管理人员讲课。

第三，他献身时间管理原则的事迹已经得到大量文章的赞扬，还有人写了有关他的纪实小说，概述了他在支持这些原则中的地位。在格里看来，正确的管理基础是良好的时间管理。

他说，专业管理要在"同样多的时间完成更多的工作"中发挥作用，"我们在占用时间的数量上是相等的，我们在利用时间的效率上是不相等的。我们总是把时间用于重要的事情。没有足够的时间仅仅是借口，而不是理由。"

格里在时间管理风格上最重要的特点之一是，需要有时间观，即像他所说的："时间的紧迫感。"

其实就像格里一样，越成功的人越能有时间的紧迫感，他们有了成功的信心，向往朝更高的山峰攀登，也认识到了随时都有可能的失败，于是他们更知道如何去加快工作的节奏。而一些平庸的人，就没有这种思想，他们想着完成工作就好，能拖当然就拖，最好可以不做。做得快与慢，没有多大的差别。正是这种思想导致了他们不可能成功。

对企业来说，也是如此，一位企业家这样叙述他的工作："不管多么成功的企业，也有随时倒闭的可能性。当我工作的时候，我总想着我的事业有可能明天就化为乌有。正是这种紧迫感，促使我用更高的效率去工作，从而避免了这种可能性。"

这是这样，为了避免被别人打败，你必须提高你的效率，节省时间在重要的事情上，不要再为琐事花费你宝贵的生命。

会议发言，切忌滔滔不绝只放不收

会议桌上，有几个人在听？我们经常看见与会人员要么心不在焉，要么打着小瞌睡，为什么会有这样的情况呢？我觉得主要还是发言人滔滔不绝的演讲让人反感。有些发言人一开始就收不住嘴，一说一两个小时，正题没说几句，废话连篇，甚至早已离题万里，如果没有人提醒的话还要继续说下去。

其实在中国这样的情况多的是，大会小会一大堆，有些人还就有开会癖，喜欢在会上发表意见，也就是现在说的"话霸"和"话痨"。但是他们的发言又没有意义，结果大家都没有兴趣再听下去了，即使勉强自己听下去也不知道他究竟在说什么，白白浪费自己与众人的时间。

有的人，他把会场当作表现自己、打击异己的战场，不管什么会议，什么对象，甚至专题会议，都要夸夸其谈，口若悬河，滔滔不绝，自我感觉良好，离题万里，全不顾别人的感受，把下面的听众当成三岁小孩，言必称自己的大功大德和不忘给偶有不同见解者旁敲侧击响响警钟，一副独裁的家长作派，这种人心胸狭隘，瞒上欺下，说的成套，做的无套，只要别人的尊重，不想让别人有自尊，最后浪费了这么多人的这么多时间，效果却微乎其微。

有的人，他把会场当作亲和群众、落实决策的理想的场所，把自己当作一个政策和政务落实的公仆，言语风趣幽默，态度平易近人，发言不很冗长却有分量，该详细的需要群众理解和做好的具体展开，与在场听众或专题会议无关的不讲，需要"搭车"落实的说明清楚，点到为主，其讲话发言言简意赅，抑扬有致，听他讲话就像读到一篇妙文，轻松而大气，让人把需要知道的事情都听到了，把需要把握的重点都弄清楚了，把需要做的事情都带回去了。这些人不是不注意自己的形象，而是把别人的感受和会议的目的放在中央，一副依法行政、以德行政的气派。这种人心胸宽畅，对上对下一个样，既尊重他人，也希望别人尊重自己，大事讲原则，小事不糊涂但讲究方法，他在人格上把自己当成群众的一员，但在工作上必须寅是寅、卯是卯地拨拉清楚，好一只一方百姓的领头羊，结果大家听得心服口服，回去就知道要怎么干。

还有的人爱卖弄斯文，言必成套，不管自己对所参加的会议是否入门懂行，也不谦虚恭让，非在行家面前1、2、3、4、5讲出些其实有些班门弄斧的道道，国内国外，道听途说全用上了，乐人娱己，好似一锅大杂烩，听时台上台下皆大欢喜，转过身就说不准有多少在会后派得上用场了。这种人注重听众的关注，却把会场误当作演技场，只拣好的讲，回避问题和矛盾，结果抓不住会魂，虽不讨人生厌却也是让大众白白地浪费了不少的时间。这种人稀稀拉拉，没有很强的时间和是非观念，东奔西走，忙忙碌碌，却是做一天和尚撞一天钟，到头来好像什么事都参与了，其实什么都没有干。

公司部门经理李经理就是这样的人。他思维很活跃，不管是什么样的会议，都喜欢发言表达观点。但是他的发言总是只放不收，滔滔不绝，让人没有耐心听下去。当他讲话的时候，其他人都在发呆睡觉或者开小差。即便他的很多观点都很不错，也没有人听进去。会议开了四五个小时，却一点效果都没有。后来他改变了他的这个习惯，会议发言的时候尽量言简意赅，把自己的观点及原因一条一条分列出来，最多10分钟就讲完了。取得的效果却是令他吃惊的。因为时间短，下属们很容易集中精力去领会他的意思，上司也能听进去他的观点，并且采用了他的很多建议。时间花得少，效果却变好了。

臧克家先生说的："有的人死了，他却还活着；有的人活着，但他已经死了"，心胸狭隘，蒙上欺下，自以为是，把岗位视作权柄的人最终领导也会洞明，群众亦将唾弃，必然得不到好结果；对上负责，尊重群众，讲求原则，把工作当成工作，把会场当作会场，默默工作的人，最终领导也会发现他，群众都会传颂他，是金子迟早会发出它应有的光芒；东奔西走，吃喝迎送，逢场作戏，把会场当作舞池的人，即若过眼烟云，不过是庄重的政治舞台上渺小的过客。

曾经不知道毛老先生为什么说要整顿会风，把会议开得贴在群众的心坎上，贴在刀刃上，现在终于明白了一些。

以后在会议上就要借鉴这样的经验，杜绝这样的事情再发生，发言之前应该拟好提纲，言简意赅，不要跑题，用最简单的话语把意思表达出来。话不是说得越多越好，所谓"言多必失"就是如此，太啰嗦了还会遭别人的厌恶。

集合听众，同样的事情只说一遍

"以前有碰到这样的情况，到周末了，实验室的人该响应号召一起聚一下了，中午上面决定了在哪里聚，也决定好了时间，让我通知一下大家。由于一时高兴，我就看见一个告诉一个，但是渐渐地，我发现自己说了好多遍，兴奋劲儿早就没有了。有些人也听了好几次了，都厌烦了，但是到最后还是有人不知道。等到下午开始干活了，不断地还有人来问我，几点在哪聚啊？我这个时候才发现自己使用的方法太不恰当了，其实只要等到下午大家都在的时候一起说一次就可以的事情，居然被我弄得这么麻烦。"办公室的上班一族小李这样说道。

这其实反映了另外一种时间安排的方法：集合听众，同样的事情一次解决，不再浪费口舌，还避免了通知不到位。

当然，要把人聚在一起的最简单方法，一般来说就是开会了，这是一种有效的时间共享的办法，可以在一个时间让大家消息共享，同样的事情一次说明白。从这个角度来说，开会是一个很好的沟通方法，把会开好了可以节约好多的时间。

但是一提到开会，很多人都会很反感，一般来说，很多人对会议的印象就是"多如牛毛，而且又臭又长"。所以开会的时候有很多的问题一定要注意到，不要把开会作为一个人夸夸其谈的场所，不必要的会就不要开了。

在决定开会之前，要先想清楚，有没有必要开这个会，这个会议重要与否？不重要的会议就不要开了，要不然只会降低办事的效率，让开会没有意义。

一个刚上班的人写道："开会策略"是公司主要的策略，金山总裁雷军说不让办公室的桌子起灰尘，那是提醒不要忘记时常开会，但开会过多过长又会适得其反。有句名言叫"一个会议的长度和其重要性是呈反比的"，开会只是战略制定的过程，更重要的是战略的执行。有的老板认为我只要每天定期开会员工就会按我的意思努力工作，经常有老板叫着排队开会的情况，记得我刚进公司的那天，同事就给我说这个公司随时都可能开会，一天开个几遍也是常事，你要学会适应。后来我充分理解到这一点，一个周六老板居然给营销部开了一天的会，更无敌的是年终，据同事说，年终要连续开三天会，都是老板在上面讲课员工统统坐着听课。

其实开会只是一种工具，用来让大家沟通的，它不是工作的全部，千万不要养成了开会癖。因此我们可以参照以下几个点作为是否要进行开会的原则：

（1）事情只需要在小范围内传达的话，就只需要随便说一下就可以了。不需要把大家聚在一起讨论。

（2）如果有明文书面通知又不需要讨论的问题。每个人发一份就行了，没有必要去开会。

（3）会议不要重复。需要全体人员参加的，开一次全体大会就行了，不要各个小集体开一次会，然后又集中起来开一次会，其实说的东西都一样，这是对时间的二次浪费。

（4）会议要集中讨论重要的问题，不要中间扯到别的事情上去了，本来要解决的问题却没有解决，害得还要开几次会议。

反正就是说，虽然会议是一个很好的工具，但是绝对不可以随便用，能避免就避免，不然只会造成工作效率的降低。

其实开会这种统筹安排时间的方法还可以有别的用途，这里讲的是把大家聚在一起，同样的事情只讲一遍，其实推而广之我们还可以这样来看。同样的事情，我们也可以安排在一起做，这样就可以避免一些重复性的工作，并且应尽力减少打扰，诸如来往电话之类。也就是说，同一类的事情最好放在同一个时间一次把它做完。假如你在做纸上作业，这段时间就应该都用来做纸上作业；假如你是在思考，那么就把这段时间用来只作思考；如果是打电话的话，最好把电话累积到某一个时间再一次把它打完。这样做的话，能够经济地利用各种资源，包括个人的时间和精力。因为当你重复做一件事情时，你肯定会熟能生巧，效率也就会相应的提高。

所以，要学会这种方法，学会这种统筹安排的思想。

学会同人说"不"

对人说"不"，生命是一切宝物中最高的东西。——费尔巴哈

人的时间都太少，若忙于应付别人的事情，那么就会没有自己的时间了。当别人的请求无理时，你可以立刻拒绝。但是令很多人没有办法拒绝的是，有时候的打扰看起来并没有什么不可以。这个时候你就要坚定自己的决心，不要让别人的打扰窃取了你的时间，把你的计划弄得支离破碎。

塞维特曾经说过，有了生活的目标，也区分出正确且重要的事

后，工作者若仍然时间不够，那就必须学会拒绝别人无理的要求了。

一位刚上班的女士在总结自己的一天生活时写道：

"今天一天，很忙，忙着翻译公司某个领导人的讲话，意思很容易懂，但是要翻译成通俗易懂，并且像领导人讲的话的中文，真的很难啊。没办法，硬着头皮翻呗。心要静下来才可以翻好的嘛。可是总是有其他同事的电话，找我帮忙，其实不是我工作范围之内的事情。

我可以说'不'，这样我就可以静下心来做我的翻译，但是我没有。所以翻译的事情下班时勉强完成，自己的工作效率反而降低了，太不值得了。

以后要明确工作职责，礼尚往来，但是要分轻重。"

的确是这样，向别人说"不"，这是保证自己时间够用的必要方法。很多人正是不好意思对别人说"不"，以至于时间不断地被打断，根本没有办法专心工作。解决问题的时候需要灵感和安静的环境，就像上面故事里的情况一样。一旦被打断，可能你就没有了感觉，再也做不出来了。

因此，我们要学会分清事情的轻重缓急，以事情的重要程度来看要不要受打扰，或者你就直接不要让别人进来打扰你，就像李开复建议的，可以这样说："今天对我来说特别重要。如果我的项目无法在下班前有进展，会对整个小组或部门造成极严重的困扰。"一旦同事听你这么说，相信没有人会有胆量敢打扰你了，除非他的事情更重要。

一天的时间对每个人都是公平的 24 小时，但是一个有专注力的工作者，接到任务会先设定目标，把事情依轻重缓急分配好，把书桌整理干净，关上门，不接电话，用数小时专心地完成任务。他们很清楚，如果自我时间管理不佳，那只有被别人管理的份了。

李开复以过去在微软和他一起工作的潘正磊为例，作为微软总部产品部门晋升最快的经理，潘正磊在职场上一路绿灯，成功的秘诀就是"保护时间"。

李开复说，潘正磊刚加入微软的时候是个软件开发工程师，由于任职的小组开发产品速度非常快，几个月内就生出了 3 个版本，每个版本又需要 6 种语言的支持。为了应对 18 个组合的要求，潘正磊需要跟很多其他不同的研发小组合作。每天潘正磊的办公室里总是人来人往，每个人都带着不同的问题来问他。

刚开始的时候潘正磊总是停下自己手头上的工作，先解决别人的问题，让自己忙得团团转。为了把自己分内的工作做完，他的工作时间拖得很长，但产能却没有提高。

后来潘正磊提出了所谓的"回答问题时间"，同事只有在这段时间才能来找潘正磊，其余时间不可以打扰他。

李开复说，如果潘正磊当初没有这么做，他就不会拥有现在这样的成就，可能只会在同一间办公室里，每天回答没完没了的问题，直到筋疲力尽为止。

赶走占用时间的不速之客，可以保护你自己的时间来做重要的事情。当你发现时间被别人盗取时，请告诉你的朋友、老板和同事，你认为最重要的事，以及你最在意的事，保护自己的时间所有权。

当然我们拒绝别人的请求时要讲究方法，生硬的态度容易让你的人际关系变糟，但是不够强烈的态度得不到很好的效果。拒绝要委婉，要给别人留下面子，而且要果断、尽早进行。

遵循"3 分钟电话原则"

"3 分钟原则"：在打电话时，发话人应当自觉地、有意识地将每次通话的长度限定在 3 分钟之内，尽量不要超过这个限度。这样可以提高通话的效率，既节约自己的时间，也不浪费别人的时间。

对通话长度控制的基本要求是：以短为佳，宁短勿长。有些公司的通话系统只有一条外线，如果占线时间太久，很可能造成对方所有的对外通讯被迫中断，甚至耽误其他重要事情的联络工作。因此，打电话时要遵守"3 分钟原则"，牢记长话短说。以直销著名的 IT 巨子戴尔公司，电话是他们行销的主要手段，公司要求销售员必须在 6 分钟之内处理完任何一次通话。

很多人都觉得，在工作的时候，电话响起来的声音让人很不舒服，而且每天的电话总是占用自己很多时间，所以在通话的时候为了不说更多的废话，有一些事情需要注意。

如果一些电话是不必要接的，你就可以直接采用以下的办法：

1. 过滤电话

1）处理

如果有可能尽量由助理回答来电者的需求，并记下相关的信息。

2）转接

如果助理无法处理电话，而你又没有时间，就可以把电话转给其他能够协助的人。可以这样回复："我们的王经理今天下午正在着手这个计划，要不要我把您的电话转给他？"

3）暂缓

如果遇到只有你能处理的状况，助理要试着写下留言，避免使你受到打扰，你可以等到有时间时再去处理这个事情。

2. 集合所有电话

在某时间段把电话一起回掉，同时去做别的事情。就是说在这个时间你同时在回电，就不会受到电话的干扰。

但是接电话是必然的事情，有些电话不得不接。这个时候，为了节省通话时间并获得良好的沟通效果，打电话之前和之中都需要认真斟酌通话的内容，做到"事先准备、简明扼要、适可而止"。

1）事先准备

在通话之前，就应该做好充分的准备。最好把对方的姓名、电话号码、通话要点等通话内容整理好并列出一张清单。这样做可以有效地避免"现说现想、缺少条理、丢三落四"等问题的发生，从而收到良好的通话效果。

2）简明扼要

通话内容一定要简明扼要。通话时最忌讳吞吞吐吐，含糊不清，东拉西扯。经过简短的寒暄之后，就应当直奔主题，力戒讲空话、说废话、无话找话和短话长说。

3）适可而止

一旦要传达的信息已经说完，就应当果断地终止通话。按照电话礼节，应该由打电话的人终止通话。因此，不要话已讲完，依旧反复铺陈，再三絮叨。否则，会让人觉得你做事拖拖拉拉，缺少素养。

心理学家研究发现，3分钟之内，所有重大的事情都可以说得清楚，只要心里有了大的纲要，什么话都可以说明白。可是为什么大家还是会浪费那么多的时间在电话上呢？

想接电话只是人的心理作用而已，有时候你会有这样的经历，平常你带着手机也没有人找你，一旦你不带手机，你总会担心有人找你，回到家立马拿出手机来看看有没有人找过你。在电话一响的时候你就会觉得电话比手里的事情重要得多。

事实上，经过心理学家的分析，每个人在接电话的时候都觉得这是一种负责任的表现，害怕冒犯了打电话的人，也希望别人是来请教自己的，还有就是接电话在保持消息灵通的同时也享受了娱乐。

所以，你可以看得出来，觉得电话来了必须要接，或者一接就是长长的一段时间，这都是心理的作用。我们要学会过滤不必要的电话，把通话控制在3分钟内。

少说多做，莫把时间花在空谈上

著名作家张天翼笔下的华威先生，是一个陷入空谈怪圈的典型。在烽火连天的抗日战争时期，人们都以实际行动投入到轰轰烈烈的抗战中去。华威先生也忙得团团转，他干什么呢？他只热衷于无休止的演讲，滔滔不绝地空谈一些众人周知、不言而喻的空洞的道理。事实证明，这类空谈不仅帮不了革命者树立信心，反而帮倒忙，拖革命的后腿。当时，人们早已认识到"空谈误国"的道理。

时至今日，华威先生的阴影仍时隐时现。有人竟一天到晚泡在空谈之中，说不完的套话、大话、废话。有人凭着"三寸不烂之舌"混日子，整天喋喋不休，空口说白话，信口雌黄，在会议上高谈阔论，云天雾地，口若悬河，出口成章、妙语连珠。令人疑为苏秦、张仪复生。讲了半天，众人不知所云，细听才知是不结合实际，是"发射的洲际导弹——空对空"。

可是生活中总是有人喜欢夸夸其谈，只说不做。最开始，会说的人也许会得到大家的肯定，觉得这个人懂得多、有想法，但是时间一长，大家就都知道了。只说不做没有什么实际的意思，说的都是废话。如果你说你在这一年想要开办一个公司，一直向别人说你的规划、你的目标，但仅限于说，到了年底你的规划也只是规划而已。

小Q毕业后，进入一家民营企业。他学市场营销，满脑子新观念、新理论。当初，这家民企的老总也是看好他学院派的出身，希望他给企业注入新活力，带来头脑风暴，开拓思维。

刚到单位，小Q就开始了他的"传经授道"。试用期间，凡他参加的会议、讨论、策划等活动，都少不了国际上最新的做法、最新的理念。他讲得头头是道，滔滔不绝。

最初，同事们还真觉得小Q知道得很多。几次接触后就发现，小Q的本事，似乎就在嘴上。那些理论、理念如何与公司的实际情况结合？在公司对产品进行营销时，如何把这些新方法用上？这些小Q从来没提过。

试用期结束时，HR部对小Q进行考核。这一个月内，他连一份完整的方案、计划都没有拿出来过；没有一条意见和建议被真正采纳。结果，小Q不合格。企业与他解除了合同。

像小Q这样的空谈者只能迷惑别人一时，最终他只会害了自己。

邓小平当年提出过要"少说多做"的原理，人不能做形式主义的工作，要务实，把精力多用在做实事上，也就是说要实干。

20世纪末，我国又出现了一位不尚空谈、注重实践的农业科学家，那就是被"星姐"们质问"会唱什么歌"并骂为"乡巴佬"的著名杂交水稻专家袁隆平。这位朴实得像农民一样的科学家，用智慧和勤劳的双手培育成功的杂交水稻，目前已累计种植两亿多公顷，每公顷年增产16吨，被美国、日本、巴西等20多个国家引进推广。他在农业科研上作出的巨大贡献，为世界所瞩目。联合国粮农组授予他"杂交水稻之父"的荣誉称号，经国家国资局正式认定："袁隆平品牌"，价值人民币 1 000 亿元。这个香飘全球的"品牌"，是靠什么创造出来的呢？靠的是实践，是呕心沥血的科学试验，是坚苦卓绝的科学探索，是实事求是的科学精神。他不顾别人的非议和讥诮，执著地搞科研。最后，杂交水稻成功的事实否定了"坐而论道"者的空论。

当一个人在那里向别人吹嘘自己的计划时，其实就是在浪费时间，也许还因此错过了好的机遇。还不如暂时闭上自己的嘴巴，把你的计划做得更加仔细，然后付诸实践，当你的目标实现的时候，来听你说的人多得是，到时候随便你怎么去说都不过分。

来自大企业的技术主管小廖，被"猎"到一家民营制造企业担任制造总监。虽说职务和薪金都涨了一大截，但他很快就发现这家公司问题颇多：战略不清晰、管理混乱、保险不健全、老板经常变化思路等。有一次，情急之下他对老板抱怨说："你请我来是干事业的，不是来和你们变来变去的。"他来到白玲工作室，说这样的企业和老板不值得效力，准备跳槽。

职业顾问认为，对抱怨的员工来说，他可能没有认识到，管理落后问题是很多小企业必须跨过的一道"槛"，而一个员工在这种时候不仅要做事，还要学会应对各种可能出现的突发事件，要共同创造做事的环境。面对这种情况，员工除了默默忍耐外，还需要掌握一些规律，比如在不同环境中自己的心态和行为会有怎样的变化，如何把握；什么样的老板应该用什么样的方式相处；不同企业的发展规律是怎样的。这样员工可以多一些主动权，少一些失望和抱怨。

职业顾问给这位"空降兵"开的药方是：闭紧抱怨的嘴，少说多做。老板喜欢有能力的人，喜欢有实际绩效的人。先打一些"小胜仗"，干出样子来，再选择合适的时机提出建设性的意见。

两个月之后，面对业绩报告，老板喜笑颜开了，总监很不错，他把成本控制得非常好，每月节约上百万，产品质量也有了很大提高。"毫不夸张地说，企业的管理水平飞速进步了 10 年。"

而这位制造总监也看到了新企业的发展潜力，看到了自己的施展空间，老板也接受了总监的意见。公司发展越来越好。

不要自以为自己很聪明，当你自以为很聪明的时候，往往是自己最愚蠢的时候，我们需要收敛、收敛再收敛，真正的实力是做出来的，而不是夸张地说出来的，事实胜于雄辩，实践才能出真知。

而有的人之所以轻视实践，偏爱空谈，是因为"把语言化为行动，要比把行动化为语言困难得多"，说比做总是容易的。倘若一个人空谈成癖，难以走出空谈怪圈，那肯定是大脑语言神经出了毛病，需要就医。

当心陷入"帕金森时间效应"

如果你有一项 6 分钟就可以完成的工作，而你分配了 6 小时去做，那么你肯定会耗尽 6 小时才能完成。人们称之为帕金森效应。

帕金森效应的一般形式是给定多少时间，开发工作就将使用多少时间。也就是说，你告诉我有两年的时间，那么这个工作也将花两年的时间才能完成。

这种效应是真实的，团队的确在调整自己的速度以满足最后的期限。如团队认为有充足的时间，他们不会早早完成，而是给自己增加工作量去填充多余的时间。如不对该效应进行明确的控制，那么团队将给自己增加工作量，知道最后期限，同时也增加了风险，因此要小心这种效应。

"一个人做一件事所耗费的时间差别如此之大：他可以在10分钟内看完一份报纸，也可以看半天；一个忙人20分钟可以寄出一叠明信片，但一个无所事事的老太太为了给远方的外甥女寄张明信片，可以足足花一整天：找明信片一个钟头，寻眼镜一个钟头，查地址半个钟头，写问候的话一个钟头零一刻钟……特别是在工作中，工作会自动地膨胀，占满一个人所有可用的时间，如果时间充裕，他就会放慢工作节奏或是增添其他项目以便用掉所有的时间。"

工作中只要有富余时间必定被消磨掉，去掉富余时间可以消除磨洋工现象，提高工作效率。

例如写论文，这是在学校里面最经典的一个时间管理的例子，我见过很多成绩好的，几乎他们的做法都是一样的，当论文布置下来的时候，规定1个月时间上交，这些人就马上开始制定目标和计划，进行论文提纲的草拟和寻找资料，当用几天时间完成这个过程之后，他们就开始写，边写边改，而且在这个过程中还会请教老师，请老师给予反馈，基本上半个月时间这些人就完成了论文，于是工作放下，早早放假去了。

而"完美主义"者和恐惧者们，也就是大多数人的做法，准备用 1 个月的时间（也是帕金森定律的表现，你永远会找出事情填满你的时间，就如同花钱一样，你永远能想办法花光你的钱，不管你买的东西是不是你真正需要的）写出一篇 perfect 的论文。

他们大概用最初十天到二十天玩，或者做自己最舒服的事情，总之和论文不相关，在他们眼里看来，写一篇论文需要很长的时间去准备，需要找很多很多资料。而且在他们看来，写论文是很难的事情，除非把一切准备好了，他们是不会开始写第一个字的。他们必须"追求完美"，让每一个字都完美，到了最后五天的时候，他们感觉再不动笔已经来不及的时候，于是开始被迫动笔写。一开始写就发现很多想法是不对的，很多资料也是用不上的，但这时候只有五天了，于是他们只能草草地写完，最终在截止期限前一两个小时甚至几分钟前慌忙打印完，最终交了上去，气喘吁吁的回来，庆幸自己终于按时交上了论文（具有讽刺意味的是，完美主义者最后得到的结果往往是最不完美的）。

所以我们随时都要小心这种效应，不要被它慢慢吞噬掉我们的生命。经过很多的时间管理学家的研究后，发现关键链可以解决这个问题。那什么是关键链呢？

因为我们如果分配给一个任务的时间不够用，或者刚刚够用，那么就不会有帕金森定律。因此关键链方法采用的策略很简单，缩短任务工期，把多余的时间去掉，按照 Eli Goldratt 博士在《关键链》一书中的描述，每个任务的工期被削减一半，然后把关键链上的所有任务的安全时间合并起来，作为一段连续的缓冲时间加入项目末尾，就是项目缓冲。在关键链进度计划中，安全时间被去掉后，每个任务按时完成的概率只有 50%，至少有一半的情况时间是不够用的，这样帕金森定律的拖拉现象即使还有，也会远远比传统方法少。由于有项目缓冲保护，即使 50% 任务无法按时完成，也不会导致项目延期。

当然我们在平常的工作中可以采取一些简单的方法，我们接到的任务时间是不同的，不管任务是否紧急，我们都要马上着手进行，给自己一个合理的时间而不是严格按照规定的时间。照这样的方法，我们就可以避免陷入"帕金森效应"了。

当断则断：做好决定才能采取行动

每件事情都要有了决断才能开始做，如果你还没有决定究竟怎么做，甚至还没有决定要不要做的时候，千万不要轻举妄动。有很多人容易心浮气躁，没有决定好的事情就开始做准备，结果证明这件事情不可行的时候，一切的准备都浪费了，白白花了许多的时间。

我们常常看到这样的事情，一个庞大的工程，所有的设备以及人员都准备好了，却迟迟没有开工，让全部的人都等在那里，原因就是上层决策者们讨论来讨论去，迟迟没有作出决定。这无疑是对时间的严重浪费。

不要事情来了就做，一定要先决定了，做好了准备才能更加有效地进行。

山石以前总是说，喜欢忙得像打仗一样的感觉，所以他总是一副无所谓的态度，喜欢等事情来了就做，而觉得考虑清楚后再做，那就太不具有挑战性、太不刺激了。

进入联想后，他总算体会过来了，其实那个时候还不是很忙，所以感觉上还可以，能够应付过来，并没有到那种令人手足无措的地步。

一到联想就有一个同事对他说："你要把自己锻炼成能够同时四条线并行处理事情并且把事情都处理好的境界，就基本上达标了。同时并行四条线处理问题！"

"好啊，谢谢你的提醒。"他嘴里这样说着，心里却很不以为然。

到了第一周的周末卖场促销，他就真正地体会到了忙的真正感觉。在什么都不懂的情况下，他彻底昏乱，在那个不堪回首的早上：几十号促销人员等他安排，印刷公司不断地打电话问他海报和 DM 单送到什么地方，货运公司打电话说两个地方的货都到了，问他在什么地方货送到哪里，店面打电话问我本周的兑奖方案……那个上午他简直不知道自己是怎么度过的。

督导的本职工作是什么他到现在也不是很清楚，只知道每天有做不完的事情，忙、乱。现在根本谈不上去安排事情，只能够是事情来了就做，做完一件接着做下一件，完全没有统筹计划安排。

当他很多的事情还不明白时，第二天早上，同事就说："我基本上已经算出来我这个月的完成情况了。"他听了大吃一惊，即使到了这个月最后一天，他也不知道他的完成情况是怎么样的，晕！

所以我们应该对每件事情都做好了准备再开始，不要太急躁，否则，只会弄得团团转，白费许多的力气和时间。

一个想法还没有被具体地决定下来的时候，这个想法也只可能是一个想法而已，没过多的价值。所以我们遇到一些事情的时候，就当断则断，不要犹豫不定，免得在决定与否的事情上浪费更多的时间。

我们要学会一种判断的能力，快速地决定一件事情该做还是不该做。那我们的判断标准是什么呢？基本来说，我们要想这件事情的意义，与我们原有的目标有没有关联。还要考虑这件事情的可行性，很多大工程都要写详尽的可行性报告。

在我们决定了事情不可以做的时候，就要马上放弃这件事情，不要再拖泥带水。如果事情可以做的话，就马上着手于这件事情上，订出计划，安排好时间，拿出自己的十二分精力把事情做好。

今天的工作今天完成，明天自有明天的事

明天，明天，还有明天，人们都在这样安慰自己。殊不知这个

明天就足以把他们带进坟墓。

——屠格涅夫

时间管理是为了提高工作效率，取得更大的工作成果。要重视的是今天的工作，它们不能等到明天做，因为明天还有明天的事，要成为时间的主人。

今日事情今日毕，不能拖到明天，要不就越攒越多，就像衣服一样，要是不及时洗，就攒成小山了。

习惯拖延时间是很多人在时间管理中经常会落入的陷阱。"等会再做""明天再说""明日复明日"的拖延循环，会彻底粉碎你制定好的全盘工作计划，并且对自信心产生极大的动摇。"今日事今日毕"体现的是一种强有力的执行力，这种执行力将带你按照自己设计好的轨道走向成功的彼岸。

著名画家柯罗是个十分珍惜时间的人。有一次，一个青年画家把自己的作品拿给柯罗看，希望柯罗能给他一些建议。柯罗看过画之后，指出几处他不太满意的地方。青年画家听了之后对柯罗说："谢谢您的建议，明天我会全部修改的。"柯罗听后却有些生气了，激动地问他："为什么要明天？你想明天再修改吗？今天的事就应该今天做，不要等到明天再做！"青年画家听后马上对柯罗说立刻就改。后来，这位青年也成为一位杰出的画家。事后他常对人说，自己这辈子最感谢的人就是柯罗，正是他的那次生气改变了自己的一生。

我们不可能都有像柯罗一样的人来教我们要做今天的事，我们只有自己掌握自己的时间，自己安排自己的计划。你想想，如果让你今天必须完成一个任务，要不然就会有灭顶之灾，你是不是会绞尽脑汁，用尽你的所有力量去做呢，我相信那个时候你绝对不会把事情拖到明天。

"日事日毕，日清日高"是海尔的口号。海尔的全面质量管理当中，最重要的一个原则就是"三全"的原则，即全面的、全方位的、全过程的。全面质量管理主要是全员参与的管理。在整个质量管理过程中，"海尔"采取了日清管理法，就是全面地对每人、每大所做的每件事进行控制和清理——日事日毕，日清日高。今天的工作今天必须完成，今天完成的事情必须比昨天有质的提高，明天的目标必须比今天更高才行。

拖延的习惯最能损害及减低人们做事的努力。因此你应该今日事今日毕，否则可能无法做大事，也不太可能成功。你应该经常抱着"必须把握今日去做完它，一点也不可懒惰"的想法去努力才行。歌德说："把握住现在的瞬间，把你想要完成的事物或理想，从现在开始做起。只有勇敢的人身上才会赋有天才、能力和魅力。因此，只要做下去就好，在做的历程当中，你的心态就会越来越成熟。能够有开始的话，那么，不久之后你的工作就可以顺利完成了。"

虽然只是一天的时光，也不可白白浪费。曾有一位员工在年尾受到老板忠告说："希望明年开始，你能好好认真地做下去。"可是那位打工仔却回答说："不！我要从今天开始就好好地认真工作。"虽然告诉你明年，其实就是要你现在开始的意思。不从今天而从明天才开始，好像也不错，但比较起来还是要有"就从今天开始"的精神才是最好的。

在第二次世界大战中，三巨头之一的丘吉尔可以说是个高效的工作狂，平均每天工作十七小时，还使得他的十位秘书也弄得手忙脚乱。他制定了一种规定，给那些行动迟缓的官员们的手杖上，都贴了一张"即日行动起来"的签条，就是为了提高政府机构的工作效率，解决政府官员办事拖延的问题。

我们的人生只拥有三天，就是昨天今天和明天，我们能掌握的只有今天，昨天已经无可挽回了，最多可以给我们教训，明天是未知的，我们要活在当下，把今天的事情做得完美才是最重要的。

古诗说"明日复明日，明日何其多！" 一天又一天地往后推延就会让旧债越来越多，今天的事情今天做。

Chapter 06

聪明人高效工作的团队合作术

一个人只有一份智慧和力量，只有借助外界的力量才能达到更高的境界！

首先明确自己的责任和范围，不要随便去"越雷池"，自己做不了的事情最好交给别人去做！

当你让别人做事的时候，最好告诉他你的最后期限是什么，途中也不要忘了随时跟踪检查。

明确自己的责任和范围：不要抢了别人的事

每个人在生活或者工作中都扮演着一定的角色，有着特定的工作范围和责任，不要随便逾越这个范围，把自己的工作做得更出色，比你去"越雷池"要有用得多。

首先，如果你做完了自己的工作，看见别人的工作就帮忙，这样很容易造成你的忙碌，长期这样做，你就会养成看见别人的事情就做的习惯。一个闲不下来的人是不行的，他肯定会被累垮。

况且，你帮别人做事的时候，别人未必领你的情，觉得你是在抢功劳。而且你做了别人的事情，那么别人就没有事情可以做了，这样你一个人成了英雄，而大家都失去了存在的必要。一个团体是需要团结协作的，并不是要一个英雄来完成所有的事情，当然你能完成的话，当然可以。但是我们都知道，个人精力和智慧的有限性，让我们不可能全部做好。到时候，费了老大的劲儿，用了自己该休息的时间，却换来别人的白眼和工作质量不怎么样的评论。

有一家公司的老总，有一次，他在跟朋友聊天的时候提到了这样一件事情。

他有一位下属，这位小伙子工作能力非常强，做事也非常的积极，但是他什么事情都管，什么事情都做，从宣传到销售，到人事，到后勤，只要他遇到了，什么事都插一手，整天忙得不可开交。朋友跟我戏称道："他甚至比我这个老总还要管得多做得多。"最后朋友给了他一笔钱，把他辞掉了。朋友说："虽然他的确是一个人才，但我一点也不后悔，因为一个公司要的不是一个英雄，而是要一个分工合理，团结协作的团队，对于一个已经有一定规模的公司来说，组织是最重要的。而他却在无形中扰乱了公司的组织结构。况且，像他这样工作下去，迟早是要在自己的工作上出问题，或者弄垮自己的。"

的确是这样，毕竟人不可能什么都会做，俗话说"隔行如隔山"，当然也许你帮忙做的事情不至于隔得那么远，但是毕竟不是你自己的事情，你就不会特别熟悉。大家都知道，不熟悉的东西要上手是需要时间的，你仓促帮别人做出来的东西肯定不怎么样，说不定还会毁掉了人家的事情。花了时间又得罪了别人，吃力不讨好的事情为何要做呢？

上面故事中的小伙子是主动去把别人的工作大包大揽，而如果别人对你有求的时候，也不要什么都答应，不仅要看自己手里的活是不是很重要，还要注意现实中的一些事情。每个人的工作都是要担负一定责任的，如果做得不好，可能会有一些严重的后果，不要被人当枪使，否则到最后，你的时间将花在承担这个没必要的责任上了。

米凯讲述的也是一个典型的职场案例，他今年25岁，已经有了两年的工作经验，从这两年的工作经验中，他特别地强调了一条，就是："有求"不能"必应"。

刚去单位的时候，我干劲很大。但是因为自己是初次接触这样的工作，还没有完全熟悉，所以要经常向一些同事请教，而他们也总是很热情地帮助我。为了表达自己的感激，更快地融入新的环境中去，只要是我力所能及的事情，我都是很主动地去做。但我没有想到的是，时间久了，同事们都把"差遣"我当成理所当然的事。复印啊，发传真啊，接电话啊，乱七八糟的杂事都堆到我头上了，而且始终没有人注意到我的心情以及我工作量的增加。这些小事都还罢了，年轻人嘛，辛苦一点其实也无所谓。最让我受不了的是有同事看我好说话，而且是新来的，就存心陷害我。

这些都让我清楚地意识到，无论在哪里，对别人的"求"一定不要都"必应"。即使是答应别人，也一定要先看清情况，坚决避免替人背黑锅。如果你有一位即将出差的同事，把自己还没有完成的工作移交给你负责的话，千万不要因为他是领导，或者跟你交情好就问都没有问答应下来，万一发现了有什么错漏和问题，你到时候说都说不清，只能哑巴吃黄连，百口也莫辩。

就是这样，不是你分内的事情，就不要随便答应别人去做，你的时间也是很宝贵的，帮助了别人，你就把时间花在自己身上的时间缩短了，这样对自己的工作是很不利的。每个人都有自己的时间计划，打乱了就不好再安排了。

想想自己是不是有过这样的行为呢？有的话你就要记住了，马上停止这种行为，给自己多一点时间。帮助别人一些是可以的，但是千万不要抢了别人的事情，侵犯了别人的领地。

确认有哪些事是你必须亲自做的

《三国演义》中言及诸葛孔明的事必躬亲，说是他事事都要亲自过问。五丈原对峙，旷日持久，士兵们有些松懈，确需整顿军纪，本应授权众将管理部属，可孔明却是罚二十以上，皆亲自处理，忙得没日没夜。司马懿闻后断言："亮将死矣。"果如其言，不久，孔明就累死在阵前。是啊，事情不论大小，都要亲自过问甚至自办，能不累吗？然而有必要吗？可能有必要。如果下属们一个个都是废物，指谁也指不上，靠谁也靠不住的时候就有必要了。

但是似乎不是这样的啊，当年的蜀国多的是能人，看来还是诸葛先生不放心别人的办事能力呀。一般来说，像诸葛先生这样的能人，他们能做好很多事情，对自己的能力坚信不疑，同时也就怀疑了别人的能力，对别人做的事情都不放心，生怕别人做不好。于是，他们这样的人就染上了事必躬亲的恶习，什么事情都要过问一下，都要指导一番，最后只能为此疲惫不堪，累死累活。

一个人的能力再强，总不至于行行精通，所辖范围之内业业熟悉。大凡事必躬亲的人，如果能够排除"瞎指挥"的嫌疑，顶多也只能算上个业务能力高超，领导水平有限。这样的人让他当领导，好像也太委屈，"大材小用"了些。只能堵住巴掌大漏洞的泥巴，你非把他扔到长江去堵洪流，未必能起到积极的作用。而且还有可能会因这块泥巴被不负责任地转移，而导致那个巴掌大的漏洞越来越大。

现在不少企业老总都感叹：太忙！总是难以集中时间和精力来思考和处理计划中的事务。常常是本打算到办公室办某件事，结果半路上就被人堵住谈另一件事；好不容易来到办公室，等在那里的人一大帮；这里还没谈完，那边电话不断；手上待批文件一大堆，外边还有来客要接待。日复一日，总是忙于临时事务，计划中想做的事就是无法去做。忙，是事实，不少老总的确整天忙得不可开交。

究其原因，固然比较复杂，但其中有一条重要的原因，这就是许多老总不懂、不肯、不会授权。他们往往是大权独揽，小权不放，动辄"一竿子到底"。岂料到头来尽管天天"两眼一睁，忙到熄灯"，事情往往被动应付，捉襟见肘，事业没有起色。相反，一些善于授权的老总，由于"分身"有术，常常超脱得很，并不见"吃饭有人找，睡觉有人喊，走路有人拦"，事业却一片火红。

看这样的老总，什么事情都要自己做，那他的时间都用在了这样那样的琐事上，不能提高自己的效率，也拖慢了整个企业的速度，在速度就是金钱的社会，这是大不利的。而且，他是只看到节省时间于一时一事，只看到自己动手可以免掉督促、检查和交代的时间，没有看到一旦让别人去做之后，再碰到类似的工作，就可以不再亲自动手，最终会为自己赢得更多的时间。

要学会分辨哪些事情是必须亲自做的，只要处理好这些事情就可以了，要会把权力分配给别人。要把时间花在重点上，而不要把它们浪费在不必要的事情上面。

一位企业家在谈到这一点的时候提到：我家买家具的时候，卖新橱柜的那家店的销售员打电话过来，要讨论订单细节和安装细节。我跟他说："等等，我让我的太太来听电话。"因为买橱柜是我太太的事情，她才知道细节，也会对这件事的进度有兴趣。可是那位推销员竟然执意要跟我谈细节，但我一点也不关心这件事。最后，我太太走进来接电话，我很礼貌却语气坚定地打断他的话说："我太太来了，你跟她说。"我把电话拿给我太太，然后走出房间。后来我太太跟我抱怨说："你一点也不关心这件事。"她说得对，我是不关心这件事。我的时间有限，又有那么多的工作要做，我必须把事情的优先级排好，我们都应该这么做的，而买橱柜这件事对我来说，并不在我的应办事项清单上。

在生活中，这些小事谁做都一样，但是分配好了却是不一样的，要会统筹自己的时间，像这个企业家一样，没有必要的事情就不用坚持去做，免得在更重要的事情上没有时间去处理。要站在一定的高度看待事情，天天忙于琐事的人是没有心思去考虑这些的，他的时间都是这样一点一点被销蚀掉的。

分配好任务，找到自己要亲自做的事情，就坚持做下去，把时间都分配在这些重要的事情上，不要随便去做没必要做的事情，该是别人的事情就不要再管了。

有些事情让别人去干更为合适

你适合做这方面的事情吗？需要做吗？是不是让别人做更加合适？如果别人更适合的话，那你还是放手吧，让别人去帮你把事情做了，你要做的只是等待别人的结果就好了。一些事情不适合自己做的就不要做了。连上帝都需要有使者的存在，何况凡人呢。

我们不是全能的，现在的行业越来越多，每个专业越来越细，往一个小分支上去发展都已经是很困难的事情了，不可能什么都懂。

古代我们常羡慕那些"上知天文，下知地理""琴棋诗画，无所不通"的人物，但是这是很难的。况且人有所长，专业的还是比较强，哪个合适干什么就干什么，不要随便包揽下来。参加短跑的时候，刘翔是最佳人选，你就不能叫伏明霞去。

如果你擅长此事，可能你只需要很短的时间就做完了，但是你不熟悉的话就得用去比别人多很多的时间，做出来还不怎么样。举个例子来说，如果你要自己做个蛋糕，那么，你要先去买面粉、鸡蛋、奶油，准备好模具和烤箱，这会花掉你很多时间，而且，如果你从来没有做过蛋糕的话，你还要花时间去琢磨该怎么做，就算最后做出来，也不一定好吃。若是交给一个面点师来做的话，他不需要特地去准备这些材料，因为这些东西他随时都备有。而且，他的技术肯定比你纯熟，会做得比你美味比你快。既然这样，为什么不把做蛋糕这件事交给别人去做呢？你可以把省下来的时间用来做别的你擅长的事情，这样效率不是高多了吗？

特别是作为管理人员，要知道怎样合理分配自己的事情给合适的人，不用事必躬亲，找到合适做这样事情的人，把权力下放给别人。即使你是上司，也会有不知道的事情，也有不擅长的事务，例如打扫卫生这样的事情还是清洁工做比较合适，而日程安排就是秘书擅长的业务，制图就交给设计人员就可以了。

说到底，我们这么分配就是想要在最短的时间内得到最好的结果，让事情的效率达到最高。只有合理分配资源，做自己擅长的事情才能取得最高的效率。学会把别人适合的事情交给别人去做，你就可以最佳地利用自己的时间，不至于造成不必要的浪费。

据史书记载，刘邦登上皇位后，在述及其战胜项羽的经验时说："夫运筹帷幄之中，决胜千里之外，吾不如子房；镇国家，扶百姓，给馈饷，不绝粮道，吾不如萧何；连百万之军，战必胜，攻必克，吾不如韩信。此三者，皆人杰。吾能用之，此吾所以取天下。"

唐太宗李世民，是我国历史上非常有作为的一位皇帝，他的开明之处，就在于会用人。只要真心为大唐帝国效力，各色人等，他都能用。所以，在他的手下，聚集了一大批谋臣勇将。有人曾问李世民用人的奥秘，答曰："君子用人如器，各取所需。"

这两个皇帝的做法都是让能者多劳，适合去做，那就给你做，而知道自己不如，那就不做。这才是节约时间、提高效率的最佳方法。

读到这样一个故事：柯达公司在制造感光材料时，需要有人在暗室工作。但视力正常的人一进入暗室，犹如司机驾驶着失控的车辆一样不知所措。有人说，盲人习惯于在黑暗中生活，可让盲人来干。柯达公司遂将暗室工作人员全部换成盲人，大大提高了工作效率。

一个集体的人都做自己擅长的事情，那么集体的效率都会很高，工作的节奏就会加快，能做到的事情就会更多，那么能打败竞争对手的机会就更大了。

了解他人的时间管理风格

人都是社会的人，必须和其他人一起共同协作，我们不是鲁滨逊，可以在孤岛上生活，即使鲁滨逊也有星期五这个伙伴的存在。

在一起工作的时候，我们就要了解伙伴的时间管理风格，这会对我们的合作有很大的帮助，让大家的合作更有效率。

前面我们讲过，要认识到自己的时间管理风格，而时间管理风格很多，因人而异，通常我们按照 Myers-Briggs 个性类型把时间管理风格分为下面的几种类型：听觉型、视觉型、思考型，如果把偏爱考虑在一起，那么就会考虑到一些人的思维习惯了。

每一种风格的人都有不同的特征，我们了解了他的风格就可以决定是否要和他合作，合作的时候会不会有很好的效能。如果这个人的时间观念不强，或者这个人根本管理不好自己的时间，整天都是瞎忙活，干不出什么实际的业绩，那么我们就要好好地考虑一下，你的合作人选得对不对了。觉得真的不行的人，你要马上放弃和他合作的想法，免得继续浪费你的时间，耽误工作的进度。

美国的金融大王摩根就是通过了解对方的时间管理风格来帮助自己决定是否要跟对方合作的。他把对方公司管理者的守时性和对方公司的办事机构以及工作效率作为一个重要的考虑因素。这一点，成为他取得现今成就的重要原因之一。

例如对于综合型思维的人而言，一个较好的时间管理工具，便是与一个逻辑型思维的人一块儿配合，让他来帮助你按时完成任务的细节。具有逻辑思维的人心思比较细腻，在时间管理上面要求严密，而具有综合性思维的人则在大方向上把握较好，因此这两种人的配合将是很好的。一般来说，每个人都不可能做到最好，都有自己的不足，如果两个人都是"志趣相投"，那可能就会犯相同的毛病，对时间的管理可能不太合适。

你了解了一个人的风格，还可以更好地了解你的伙伴，建议他做一些改变，让你们的合作更加完美无缺。当然，你也可以根据对方来改变自己，知道了和对方什么时候讨论可以取得最好的效果，知道了对方工作的最佳时刻，你就可以调整计划来达到最佳状态。

我们都知道，合作的时候有默契是最好的，如果没有的话就要制造默契了，当你的伙伴正处在一天的黄金时段中，你最好不要去打扰他。当你的伙伴不知道收拾自己的桌子而大量浪费时间的时候，你也可以作出果断的提醒。

不仅是对于合作的伙伴，当你有求于别人时，最好不要在别人忙的时候去。特别对于逻辑思维的人来说，打扰会让他们很愤怒，打乱人家的计划是不好的。也许你还会吃个闭门羹，得不到想要的答案，还浪费自己的时间。

生活方面，知道自己家人的时间管理风格，可以让你们的时间安排和谐，调整大家的时间来适应对方，这样生活才能更好。

我听过一个大学生抱怨她的宿舍生活，说她们宿舍人来自天南地北的，开始大家都还很和谐，每天晚上都聊到很晚才睡。渐渐地，生活步上了正轨，问题也跟着出来了。小李是典型的早起型，小孔是个神经敏感的人，小马是个夜猫子，不到半夜睡不着，小卓每天中午的午觉是雷打不动的。于是每天晚上，小马开着台灯在那儿看书，玩电脑；早上好早，大家都还在与周公打交道，小李的闹钟就开始滴滴滴的召唤了；这两个人的习惯都让别人受不了，劳累了一天，晚上想好好睡个觉，可是总有依稀的灯光和键盘的声音存在；早上想多睡一会儿，可是闹钟总是那么早就响了，而且还不断有小李起床弄这弄那的声音。神经很敏感的小孔，再也受不了了，晚上睡不着，早上睡不好。中午回来的时候，时间太短，大家都喜欢聊聊天，写写作业，但是小卓的午觉却被打扰了。一周下来，每个人都两眼通红，没有心思学习，大家都在互相抱怨，本来好好的生活就这样打乱了。

其实这多不值得呀，一个人的生活习惯会影响她人，时间的管理安排也要考虑到别人的习惯，只有相互的适应，才能达到最好。

总之，想要和别人共同协作，让别人的工作能够对自己有帮助，就要了解他人的时间管理风格。这是在生活中不可缺少的一个程序，不可以轻视其作用。

学会指派和授权：让别人跟着你的手指转

如果你总是喜欢自己做事，听着别人的指示去决定怎么做，那么你一辈子都只能听别人的指挥了，要不然你就会疲劳而终。

有的人工作十分繁忙，可以说："两眼一睁，忙到熄灯"，一年三百六十五天，整天忙得四脚朝天，恨不得将自己分成几块。这种以力气解决问题的思路太落伍了。出路在于智慧，采取应变分身术：管好该管的事，放下不该自己管的事。

授权是领导者走向成功的分身术。今天，面对着经济、科技和社会协调发展的复杂管理，即使是超群的领导者，也不能独揽一切。领导者，尤其是高层领导者，其职能已不再是做事，而在于成事了。因此，他们必须向员工授权，你是一根指挥棒，指挥着别人的方向，让别人跟着你的手指转。

领导人员把事情指派或者是授权给别人的时候，有以下几个好处：

（1）可以把领导者从琐碎的事务中解脱出来，专门处理重大问题。

（2）可以激发员工的工作热情，增强员工的责任心，提高工作效率。

（3）可以增长员工的能力和才干，有利于培养干部。

（4）可以充分发挥员工的专长，弥补领导者自身才能的不足，也更能发挥领导者的专长。

一位商场老将这样说："当我刚刚坐上经理的位置时，我根本就还没有进入角色，很多事情都还是自己做，不会把工作分配给下属，结果弄得自己相当疲惫。后来慢慢地就明白了，作为管理者，他的任务和一般员工是不一样的，他的首要任务和终极任务就是管理。他要把任务分配给各个人，并做一个统筹的工作，掌握工作的总进度，并在适时的时候作出决策。这才是一个管理者的价值所在，其他人只要跟着他的手指转就好了。"

领导人的作用就是给下面的人以方向和指挥，作为管理者，你就应该像一个在战场上的军师一样，"运筹帷幄之中，决胜于千里之外"，否则你将会一辈子都是基层工作的命了。众人拾柴火焰高，众人的力量比你一个人大，所以你要相信别人，给别人以权力。

就像当年的魏延，自率部投诚，数有战功，刘备称汉中王，迁都成都时，破格提拔为镇远将军，领汉中太守，魏延的才干得到了充分的发挥。刘备死后，孔明大举北伐时，本应授权在前线与曹操多年对战，既有经验又有计谋的魏延的，可孔明对其有戒心，非但不授权，连前锋都不让其做。却"违众拔稷"，让善于夸夸其谈的马稷当了先锋，孔明又不放心，自己亲自督军在后，结果当然大败而归。

事事亲历亲为是很没有效率的做法，一般来说，刚从基层提拔上去的管理者都容易犯这个错误，要学会给别人以空间。

领导者或管理者向员工授权时，有几个问题需要注意到：

（1）"因事择人，视能授权"，一切以被授权者才能的大小和水平的高低为依据。

（2）对被授权者进行严密的考察，力求将权力和责任授权给最合适的人。

（3）必须使被授权者明确所授事项的任务、目标和权责范围。

（4）所委托的工作，应当力求是被授权者感兴趣，乐于完成的工作，双方应建立相互依赖的关系。所授的工作量以不超过被授权者的能力和体力所能承受的负荷为限度，适当留有余地。

（5）一般只能对直接下属授权，绝对不能越级授权。否则，会造成中层领导的被动，增加管理层和部门之间的矛盾。

（6）不可将不属于自己权力范围内的事授予员工，否则势必造成机构混乱，争权夺利等严重后果。

（7）尽量支持被授权者的工作，被授权者能够解决的问题，授权者不要再作决定或指令。

（8）凡涉及有关全局问题的，如决定组织的目标、方向和重大政策等，不可轻易授权。一般应由有关部门提出方案，最后由高层领导直接决策。

（9）指派了任务给下属以后，就要建立完整的下属工作，给他们以权力，不必事事向你报告。

指派了工作给别人，就是腾出了时间给自己考虑更重要的事情，也使这项任务的工作者更乐意接受分配的工作，并提高了整个组织

的效能。让你的下属有一些自主权，可以提高他的积极性，积极的
态度总是能取得更好的效果。

指派和授权不但不会丢掉你手里的权力，还会让大家围着你转，
一切都在自己的掌握之中，时间会用得更少，效率却提上去了。

学会外包：借助外部资源帮你成事

一个大工程总是这段由一家公司做，而另一段又由另一家公司
做，分别承包给不同的企业。

外包也就是把不属于自己核心竞争力的业务包出去，通俗点说，
是把自己做不了或做不好或别人做得更好更便宜的事交由别人做。
外包概念于 20 世纪 80 年代中期提出，它源于这样一种观点，即企
业应该从总成本的角度考察企业的经营效果，而不是片面地追求诸
如人事、行政、生产、后勤等事务的优化。外包的目的是通过与企
业发展中各个环节活动的协调，实现最佳业务绩效，从而增强整个
公司业务的表现。

市场竞争的加剧，使专注自己的核心业务成为企业最重要的生
存法则之一。因此，外包服务以其有效减低成本、增强企业的核心
竞争力等特性成了越来越多企业采取的一项重要的商业措施。美国
著名的管理学者杜洛克曾预言："在十年至十五年之内，任何企业
中仅做后台支持，而不创造营业额的工作，都应该外包出去。"

　　一般来说，企业做到一定程度的时候，就会采用这样一种模式。因为一些事情，如果自己公司做的话，要花很多时间去准备材料，聘请人员，建立组织机构等，这样就浪费了很多的时间和精力。如果把这些相对独立的工作外包给相应的专业性机构去做的话，会更省时省力，且效果更好。这样就有效地利用了外部专业资源，使外部资源帮你成事。

　　外包可以减少资源和时间的浪费，一些不专业的事情让别的专业企业去做，自己专心于自己的主要业务。

　　客齐集是一家纯粹的互联网公司，也是一家非常典型的"轻公司"，"外包"的理念和做法在客齐集公司内部无处不在，除了最核心的市场、规划和一些开发型的工作，其他所有的业务全部引入了合作伙伴，当然方法是灵活多样的。今年新建了一个客服中心就是采用了外包的方式，而这个客服中心的IT运维也将采用外包的形式，这样我们只需内部的一两个员工，就可以调动、管理和掌控这些资源。

　　目前，我国钢产量严重过剩。美国人说：我们需要的一般钢材到中国去选购，比我自己生产钢材便宜得多，况且生产钢铁又有污染。如此，我国的钢铁生产成了美国、日本、欧洲的外包。

　　如今在南京打长途电话，为节省电话费，可先拨"17909"，而后再拨对方地区号、电话号码，但很多人不知道"17909"是怎么回事，在哪里。一个朋友到了美国打电话，问他花了多少电话费？他说每分钟0.25元人民币。为什么比我们市内电话还便宜？回答说不知道。

后来，在一本杂志上看到介绍，原来美国的长途电话软件不在美国而在印度生产。据说美国医院的病历档案，甚至房产开发销售，也由印度的软件操纵。印度有一个集团，在印度帮助 40 万美国人退税。还有位朋友告诉笔者，他在国外预订飞机票，按航空公司指定的电话联系，电话打通后，问接电话小姐：你们在哪里？回答在家里。这就是一个航空公司的预订机票，为客户服务的软件系统设施建在家里，由退休人员或家庭主妇操办，费用自然很低了。

前几年，在沈阳正遇"韩流"，听说韩国人到沈阳来投资，是为建立外包基地。大连市是日本外包的重要地区，大连市的大学、软件公司，为顺应外包潮流，都在学日语、学软件开发，意在为进入外包市场做准备。

闻名于世界的"沃尔玛"超市，商品琳琅满目、价廉物美，广州的沃尔玛货架上的商品，在南京沃尔玛货架上同样有。可是沃尔玛什么都不制造，他只是设计提升了供应链的效率。世界沃尔玛的老板忙什么？他只忙一件事：沃尔玛要在哪个国家、哪个地区、哪个市，开辟沃尔码超市，老板要去看"风水"（环境、人气），决定后，别的事都外包。

世界在悄无声息中发生了大事：当今世界，是外包的世界。要学会利用外部的资源，提高企业的工作效率，节省下自己的内部时间和人员。

做好组织协调，以防人多添乱

当官的 A 君感到工作很累很忙时，一定要找比他级别和能力都低的 C 先生和 D 先生当他的助手，把自己的工作分成两份分给 C、D，自己掌握全面。C 和 D 还要互相制约，不能和自己竞争。当 C 工作也累也忙时，A 就要考虑给 C 配两名助手；为了平衡，也要给 D 配两名助手，于是一个人的工作就变成七个人干，A 君的地位也随之抬高。当然，七个人会给彼此制造许多工作，比如一份文件需要七个人共同起草圈阅，每个人的意见都要考虑、平衡，绝不能敷衍塞责，下属们产生了矛盾，他要想方设法解决；升级调任、会议出差、恋爱插足、工资住房、培养接班人……哪一项不需要认真研究，工作愈来愈忙，甚至七个人也不够了……

都觉得人多好办事，看来并非如此，人一旦多了，就添乱了。人多了之后，很多的事情就会发生，如果做不好组织协调工作，就容易造成一些任务多个人去做，或者是一些工作没有人做。这样会造成资源的浪费和时间的浪费，办事效率低下。一般来说，要把个人、各个部门的责任划分清楚，让每个人都有自己的专门职责，这样可以更好地协调和分工。并且，对权力和职责不清晰的划分，会造成各个部门间的相互干涉，造成内部的不同意见和矛盾，使事情得不到尽快解决。

就是这样，当一个公司还很小的时候，可能只要老板一个人指挥就可以协调好大家的工作了，但是当公司壮大之后，一个人就管理不过来了。要不然这么多的管理大师和他们的管理理论又用来做什么呢。所以当组织的规模大起来的时候，就会把公司分为很多的部门，每个部门的职责都很明确，只有整个集体合作才能达成工作任务。

可是究竟怎么才能做好组织之间的协调工作呢？

首先来说，想要协调各个组织，就要分开各个组织，免得一团糟。首先要按照职能划分部门，部门的责任和权利，只有知道了自己的权利和义务，才能使各部门各司其职，相对独立地完成自己职责范围内的事情。

做好组织协调工作，第二点就是要做好各部门间的联系，以便于更好地合作。如果研发部不了解销售部的销售策略，销售部不了解生产部的产品性能，那么，即使各个部门都把自己的工作做好了，整体上也不会有好的效果。就像做出来的螺丝和螺帽规格不同一样，完全合不上。

做好组织协调工作，第三点就是要统一的领导，不管是什么部门，都要听从指挥，不能只凭自己的意思瞎搞，要服从全局的安排。如果每个人都各做各的，像一盘散沙一样，恐怕连事情都完不成，又如何能做到高效呢？

所以，作为一个整体，作为一个领导者，要有领导能力，把各个不同的职能部门组织起来，使他们发挥强有力的功效。

哲学上讲过整体和个体的关系，个体的整合力量不是单独的力量之和，而且脱离了整体的个体也没有了意义。因此只有大家都团结一致的时候，才能更加节约时间，让集体的效率更高。

清晰告诉执行者你的时间要求

我们说过，作为一名领导者，我们不必事必躬亲，这样会把自己累倒，还浪费了自己的时间，自己的重要事情都没精力去做。要学会把事情分配给别人，把权力交给别人。

但是我们也说过，有些人的时间管理不够好的话，就容易陷入"帕金森时间效应"。你的某项计划需要多少时间，自己一定要清楚。而且在交代别人任务的时候就要清楚地向别人说明你的时间期限，有期限才有紧迫感，也才能珍惜时间。设定期限，是时间管理的重要标志。这样才能避免执行者陷入"帕金森时间效应"，迟迟不能完成你派出的工作。

越是在事业上有成就的人，越是危机感强，紧迫感甚。倒是那些能力贫乏的人和那些不思进取的人，从来就很少有危机感和紧迫感。而我们找到的执行任务者，并不是每个人都有紧迫感的，对于这样的人，我们只能强迫他们以危机感，逼得他们在规定的时间内做完要做的事情。

所以，当我们在分配任务的时候，就必须清晰地告诉对方你想要在哪个日期之前要，让他产生马上去做的心理。而且，你在给执行者设定时间的时候也要讲究策略，事先你要自己初步定一下，大概需要多少时间。然后在给执行者最后期限的时候也要注意，不能把真正的最后期限作为那个时间告诉执行者，应该比正常时间稍微少一点，这样即使他往后拖延一点也不会影响工作。

老板：今天是 1 月 3 日，到 10 月 1 我们必须完成 AIX 新产品的开发，这个产品对公司很重要，具有最高的优先级，这是最后的期限。

老板：我们分析阶段要用多少时间？

项目成员：可是我们还不知道用户的需求，无法确定分析需要的时间。

老板：假设需求就在你面前，你需要多少时间分析？

项目成员：如果分析超过 4 月 1 日，我们是不可能完成后续任务的。

项目 Leader：我们会找到方法在 4 月 1 日完成所有分析。

老板：那我们设计需要花多少时间？

项目成员：没有分析需要时间估计，很难清楚设计需要的时间。

老板：假如你已经做过了分析？

项目 Leader：只剩下 6 个月的时间，设计最好不要超过 3 个月。

老板：大家能够同意这个时间，我很高兴，好，4 月 1 日前完成分析，7 月 1 日前完成设计，那么你们有 3 个月的时间实现项目。现在，大家可以离开，开始工作了。我期望在下周前，可以在我的办公桌上看到 TQM（全面质量管理）计划以及 QIT（质量改进团队）任命情况。

当你向别人交代任务的时候就是要这样，给定一定的期限，简单地和对方商讨一下，让大家同意了，觉得有时间的紧迫感了，于是大家就立马去开始做计划了。

当一个人觉得这个工作很重要或者不紧急的时候，他就不会着急去做。而有时候导致执行者觉得不重要的原因就是老板没有明确的指示，所以对于授权者，一定要明确告诉对方这个很重要，一定要在某个时间之前完成。

"我在工作的时候发现，当你把一项工作交给别人的时候，如果不限定具体的时间，那么他肯定不会主动地完成这项工作并把它交付给你，当你再次问到他时，你得到的回答很有可能是：对不起，我还没有做呢，你也没告诉我要什么时候做完呀，我以为它不重要呢。如果你给的时间很宽松，那么他肯定要在时间限定快结束的时候才把工作完成。如果你给他正常的时间要求，那么，他可能会找些借口稍微拖一会才完成。"一家大公司的销售部经理这样说。

是的，我们不可能事事都自己来干，总是需要借助外人的力量。但是在利用他人力量的时候一定要讲究方法，一定要找到适合做这件事情的人，也要让他在你的规定时间内完成，这样才能达成你的目的，提高你的总办事效率，节省你的时间。否则，你会觉得找别人做事还不如自己做，别人做得都不好，以后也就不想再托付给别人了，这样就容易造成事事都要亲历亲为的恶习。

总之，把工作交给别人来做是一个提高效率很好的方法，但是稍不注意就会造成不好的后果，别人会想着反正不是自己的重要事情。所以，在交付的时候一定要学会一些技巧，一些方法。

记住跟踪检查，确保对方按照你的意图去做

我们上面说了，当你把工作交付给别人的时候，一定要告诉别人你需要的最后期限，否则别人容易陷入"帕金森时间效应"。而且我们在交付了任务和规定了时间之后，还有一个必须要注意的是，你不能从此就放任不管了，要记得进行一定的跟踪检查，确保对方的进度和质量，保证他做出来的效果符合你的意图。

试想想，如果你的下属或者你交付的合作伙伴没有向你汇报，那么你也不知道别人做得怎么样，到最后期限了，发现别人做的东西不合格或者他们把意思理解错误，那么到那个时候，你只有叫苦不迭了。不但浪费了大家的时间，也让你本来的计划打乱，造成的损失可能是巨大的。

在建筑行业中，这种跟踪检查是很重要的，一般来说，都有专门的检查方存在，那就是监理，他们都是驻扎在施工现场的，不定期就要进行大的检查。否则，可能进度慢了，到时候到期没有做完，施工方就可能急急忙忙赶工，这样赶工的质量是不能保证的，其次就是施工的时候经常有不合格现象的存在，因此在做的过程中就要

随时检查，以防造成隐患。

有一些重大工程，工期特别紧，施工进度成为监理三大目标控制工作的重点和难点。某个广场地面景观工程则是非常典型的例子。广场总占地面积 58 912.68 平方米，其中，构筑物用地面积 732 平方米，硬地铺装面积 40 951 平方米（含路面），绿地面积 13 345 平方米，水体面积 3 883 平方米。整个工程以民族大道为界分为南广场和北广场，总投资约为 6 000 万元。工程于 2004 年 8 月 20 日开工，由于是南博会基础配套工程之一，工程必须于 10 月 20 日建成开放，工期仅有 60 天。质量等级要求优良。

为此，为了保证工程的质量，专门做了工程进度计划，施工的过程中，有各个作业项目的跟踪检查，总作业的综合比较等情况。

当然，这些建筑项目都是很大的硬件作业，是大家都很关注的东西，质量的问题会造成社会的损失，负责人不是单独的一个企业。对于我们个人来说，个人的项目就要个人自己负责了，当你把你的一些项目交给你的下属时，就要多问一下进度，看看他完成的情况。当你把项目交给了别的企业完成时，你就要亲自或者是派自己这边的人去检查，保证那边完成的东西是保质保量的，没有弄虚作假。一般来说，让别人去检查要做的事情有：

（1）定期收集进度报表资料。

（2）工程总进度完成情况的检查。

（3）进度偏差原因的分析。

（4）工程进度控制计划的调整。

最好做成一定的完成进度表，让你能够清晰地明白该怎么去调整进度计划。

一家电器制造企业的经理小王就犯过一个这样的错误。他们厂里需要定制一大批零件，由小王负责，小王找到一家熟悉的零件制造厂家，把这个任务交给他们来做。由于他对这个合作伙伴很放心，也为了怕麻烦，说明了要求和交货时间后，小王就没有再过问这件事情了。可是等到交货的时候，小王才发现这批零件的规格都出了问题。虽然零件制造厂家声明要为他们重做，并赔偿一定损失，但厂里正急用这批零件，工人因此而停工，造成了巨大的损失。

从这个例子就可以看到，跟踪检查不但是对自己的工程负责，也是对对方的工作负责。要不然就像小王的教训一样，对方也辛辛苦苦做了这么久，结果还要重做，还得赔偿损失，而自己的厂里面还因此停工，这个损失又怎么赔呢？等待别人的时间和停工的这些时间又怎么找得回来呢？

所以要知道，借助他人来办事的时候，一定不能偷懒，该有的检查必须得有，不要觉得花了时间，这就是所谓的"用了就是省"。不做这些检查，到时候造成的时间损失、效率低下就没有办法弥补了。

Chapter 07

聪明人高效工作的信息获取术

这是一个信息大爆炸的时代，不愁没有只愁太多，常言"过犹不及"，该怎么从海量的信息中去粗取精，找到自己需要的信息之花？

要想不被这些杂乱的信息淹没，就要学会分辨、要学会提高效率，提高阅读速度，控制信息量，不能慢于别人，要学会利用最少的时间掌握最多的、最有用的信息。

信息泛滥跟信息缺乏一样有害

就理解和领会能力而言，头脑中塞满东西和头脑中空空如也同样糟糕。

——美国前总统比尔·克林顿论信息泛滥的害处

所谓"过犹不及"就是说的这个事实，越来越多的信息让你个人无所适从。以前信息的匮乏总让人觉得像没有吃饱一样，但是如今信息量太多，也让人难以接受，就像吃饱了还有一大桌子的酒菜摆在你的面前，让你难以消受。

最近在网上看到一篇文章，是关于网络信息时代，迅捷、"丰富"而又良莠不齐的信息是如何让人欲罢不能、躲之不及的。严重者弄得自己无所适从，对于夺目而来的信息，不看吧，慌！看吧，烦！！

这种现象在远古甚或10年前简直是不可想象的，能够及时知道身边发生了什么就已经是值得窃喜的事情了，更何况我们崇拜的明星的吃喝拉撒、情史绯闻，甚至是地球另一端的人们发生了什么！这就是信息化带来的好处。然而出乎我们意料的是当这一切真的发生，但是其他的文明还没有达到一定程度的时候，幸福也就变成了灾难。说灾难可能有点危言耸听，但是他的负面影响，相信已经为你我所感知，甚至是深切地感知。

每天坐在电脑前边，看完娱乐新闻、浏览完博客、邮件、校友录、QQ……不知不觉已经大半的时间或全部的时间被耗尽了。接着是懊悔、自责和怨恨。懊悔和自责的是自己，怨恨的是为什么鸡毛蒜皮的小事，还有虚假的炒作都往网上弄。

这种被信息填满的生活让当代人精神疲惫。日益超载的信息，应接不暇的资讯，构成了物质和精神的双重污染。而且人们每天要付出很多的时间和精力来处理这些日益增多的信息，当然用个简单的除法就知道，对于每一则消息的思考时间却变少了，深度变得越来越不够了。而且，人们都有怕落后于人的心理，生怕自己错过了什么东西，都愿意花很多的时间来抓取信息，很多其实都是没有意义的，等到看完了、发现了，时间已经过去了。常常人就是这样迷失自己的。

过去10年，假信息通过财经新闻被放大。在20世纪80年代，心理学家保罗·安德尔森在麻省理工学院对商业专业的学生做过系列实验，显示的结果是，消息数量更多，并不一定使信息变得更有用。他把学生分为两组，第一组只允许了解股价的变动情况。他们可以按照自己意愿买卖股票，但是所能了解的信息仅限于股价的涨跌。第二组不仅可以了解股价，还可以源源不断地获知似乎跟股票息息相关的财经新闻。

结果很出人意料，信息少的第一组买卖股票的效果比第二组好得多。安德尔森解释说，其原因是新闻报道总是倾向于过度强化消息的重要性，某只股票的下跌被认为是未来市场低迷的信号，而上涨往往被理解为未来将是湛湛晴天。从实验结果上说，学生对消息反应过敏，因为他们过多在意每则消息的意义，股票买入与抛售比只了解股价变动的学生更加频繁。

可见，过多的信息会让人少了实际思考的时间，对事情的理解容易跟着别人的脚步去走，没有了自己的想法，这是很危险的。花了时间在无聊的信息上，自己办事的效率怎么会提得高呢？而且，过多的信息摄入容易造成一定的病变。

25岁到40岁拥有高学历的正常成年人会突发一种奇怪的疾病：身体没有任何器质性病变，但突发性地出现恶心、呕吐、焦躁、神经衰弱、精神疲惫等症状，女性还会并发闭经和痛经等妇科疾病，发病间隔时间不一定，起病时间也不一定。有关专家认定，这是一种身心障碍，未正式公布的名字是：信息焦虑综合征。

信息焦虑综合征，又叫作知识焦虑综合征。最早提出这个概念的是香港中文大学医学部的孙彼得教授。他发现在信息爆炸时代，人们对信息的吸收是成平方数增长的，但人类的思维模式还没有很好地调整到可以接受如此大量信息的阶段，由此造成一系列的自我强迫和紧张，非常接近精神病学中的焦虑症症状。孙教授将其称为信息焦虑综合征。

由此可见，信息泛滥的危害其实比信息的缺乏还要严重，有时候对信息的摄入是不经意间的，两者造成的后果是很严重的，我们要防范。要学会采取一定的方法让自己取得想要的信息，不要太少，也不能太多。

缩短不必要的信息处理时间

首先来说，什么是信息处理？信息处理是针对一件具体事情的，你要做某件事情之前，会收集相关的各方面信息。然后就会把这些信息进行统计分析、分类，选取出有效的信息，放弃那些没有用的。然后再进行总结。可是信息实在是太多，要把一件事的信息处理好，其实并不是一件很容易的事情，要学会筛选，要学会分类总结等。

而每天我们都在处理着大大小小的信息，即使你给了同样的信息给不同的人，一段时间之后去看，就会看到不一样的效果。有些人的效率就是高，他能够在很短的时间内把信息处理得完美；而另外一些人就不一样了，花了一样的时间，他还没有把信息的重点整理清楚。主要就是，在整理信息的时候，要采取一定的方法，只有这样才可以达到高效。

小王是刚上任的设计人员，公司给了他一个任务就是设计一个单层的临时厂房，拿出两套方案来，但是在设计之前，先做好调查，把调查出来的东西先给老板看看。小王由于年轻气盛，有的是精力，于是把设计厂房的相关因素都通通分析了一遍，开始了调查。查找场地周围的建筑、场地的情况等，接着开始了厂房生产规模，所需要的面积，建厂房的材料，价格，承受能力等很多东西的搜集。不能不说，他真的很认真，把什么事情都考虑进去了，连那个场地以前是做什么的都调查清楚了……他自己也挺满意的，拿着厚厚一沓资料去找老板，可是老板一看，马上就不高兴了。这么多的东西叫老板怎么看，这么杂的资料难道要老板自己去挑选？

本来觉得自己做得挺好的，没想到就这样被否定了。

所以，很好地处理信息是一项技术，需要很多的技巧，要慢慢学习，把一些东西养成习惯之后就可以处理得很快、很好了。

我们在处理信息的时候，要遵守一定的原则，只有按照这些原则来才不会把重要的信息给漏掉了，也不会把一些没有意义的信息还留着，而且处理好的信息肯定很完美。

第一个就是，我们要始终记住我们搜集信息的目的，一切的信息都是为了这件事情而产生的，如果获取的信息对这个目的来说，有没有都无所谓，那么就应该立刻舍弃。

例如，我们上网看新闻，这是无可厚非的事情，不可以笼统地说这件事的好坏，就看我们为什么要做这件事情了，如果我们是为了写一篇学术论文而上网的话，这些新闻上的消息恐怕没有什么帮助，只会浪费宝贵的时间；但是如果我们是为了给刚发生的一件事情写一个评论，那么看新闻的价值就大了。同样的东西，对于不同的人来说价值是不一样的，因此对于不同的目的来说也是不一样的。

第二个就是，学会分辨信息的真假。如果把一些虚假的信息保留下来了，而把真正想要的东西给删除了，那损失就大了。按照常有的标准看看信息的可行性，多查询一下信息的真实性。

第三个就是，搜集的信息是多方面的，要关注你信息处理的重点，给予特殊的关注。把关键的和难的处理好了，那简单的、次要的就好办了。这样能够保证你把精力旺盛的时间都用来处理重要的信息了，做事的质量得到保证。不要期待着自己把每一点信息都理解并且记忆，信息是远远超过你所处理的能力之外的。你没有必要记住每一朵花的原产地、类别、名字变迁，记住，必须有重点，而且必须限制重点的数量，全是重点，也就相当于全都不是重点。

第四个就是，重复性的信息，立刻丢掉，不要再重复地去看，没有意义，就是在浪费时间。

当然，这只是一些建议，一些行之有效的方法，如果你有更适合的方法那就更好了。重要的是要让这样的原则形成一种良好的习惯，"熟能生巧"嘛，现在或许你的速度还不够快，但是要在一段时间后，能够快速地判断重点是什么，哪些是有保留价值的。做到快、准、好。

建立文件管理系统，分门别类管理文件

人人都喜欢把东西归个类，为什么啊？东西多了很麻烦，如果能够把同类的东西放在一起的话翻看起来会方便得多，需要的时候就不用每次都从头开始查找了。

试想一下，你的办公桌上如果堆着一摞一摞的文件，即使你把它们都堆得很整齐，看起来还不算乱。但是你突然想到一个点子或突然想要一份文件的时候，却发现需要的那份文件已经不见了，不知道在哪一摞里面。等匆匆忙忙地从满桌子的文件里面翻阅出来的时候，好像突如其来的方法也已经悄悄跑掉了，整个桌子又得重新收拾一下。

莉莉的东西很乱，总是用的时候到处找，用过之后随手一扔。她几乎没有用过的东西要放在原处这一概念。刚参加工作的时候，她只有一个装文件的抽屉，她是这个样子的，那里有她所有的文件。她总是把新用完的文件放在抽屉的最前端，当抽屉被装满的时候，她会清除在抽屉最后面的文件。换句话说，她总是保持有一个抽屉

的文件，总量不会超出这个范围。有的人会把所有的文件都保留着，这些没完没了的文件材料分类很清晰，放得很整齐，只要一需要就会很快找出来，但是莉莉不是这样的。东西不舍得扔但是又没有很好地分类，现在，有一个很好的办公桌了，但是她的东西放得每个抽屉里都是，但需要某一个文件要是找起来麻烦就大了！那需要把整个的抽屉翻过来，一着急了她还会跺脚，面露凶相地哭爹喊妈！

因此，借鉴别人对文件的分类管理是很必要的。花一定的时间给文件建立一个专门的管理系统，将文件分门别类，建立文件管理系统后，你再次寻找文件就容易了。而且，由于文件是按照类别整理的，你便很容易了解一个方向、一个领域、你已经有过的知识、所做过的努力是什么，对于计划下一步的行动很有帮助。

当然，值得一提的是，想要很好地对文件进行处理，首先要有舍得的精神，别把什么文件都留着，有时候怀旧会给你的新生活带来负担。旧的东西太多，新东西就没有办法进入了。以前的信息已经过时了，东西发挥过它的功能以后该怎么处理就怎么处理。用过的信息已经没有保留的价值了，别以为这是没有感情。因为，你长期处在一堆旧文件之间，等你要找新文件的时候，你已经找不到自己需要的文件了，于是时间被浪费，而且你的心情，在这种寻找中，变得焦躁起来。有研究就显示，在大量废旧文件环境中工作的人，心情容易在这样闭塞的环境中变得压抑，工作效率也容易下降。

其实大家都知道，这些旧的文件是不会再看它了，想看的愿望也只是保存的刹那才有的，新的东西都来不及去处理，哪有时间去看那些现在用不着的东西。

当我们丢掉不需要的旧文件之后，剩下的都是必须保留的了，这时候的分类管理就显得容易一些了。先把我们所有的文件放倒下来，给自己一个分类的标准。文件的分类标准是很多的，这个就要看你怎么觉得习惯，怎么分了，也可以是一个大的标准先把文件分开，再根据其他原则细分。

例如，你如果是做工程的，你可以根据各个不同场所的工程来分，如南京的项目、北京的项目；也可以根据时间来分，2007 年 1 月的项目，2 月的项目等；也可以根据项目的类型来分等的分类方法。你分类的选择方法最好是你常选择的一种，这样你才能更好地找到需要的文件。分完了第一个大类，再接着把大的类型分成小的类型。

分类的事情比较占时间，也有点烦，特别是第一次分类，杂乱的东西很多，整理一会儿可能就没有信心继续了，但是你要想着，这个时候的辛劳是为了以后省下更多的时间，这算是一劳永逸的事情。等你的档案整理完成之后，你就会发现，你的生活会发生很大的变化，再也不用担心有什么找不到的文件了。

再有就是文件会越来越多，记得一点，丢掉不要的，才能迎来新的。如果可能的话，把一些要的东西也可以保存在电脑里面去。让你的文件柜保持整齐。用完文件之后要学会放回原位，要不然过不了两天，你的分类就白费了，整个柜子又是一团糟了。

不要订阅太多的报刊

期刊、报纸等是现在传播信息最常用的方式之一，每天的阅读量都相当大。报纸反映即时消息，很多企业、个人都会订阅，杂志有深度，有质量，而且轻巧方便，连续性强。这两种纸质产品，对信息的传播起着重要的作用。

因此，城市里面的报刊亭随处可见，你随便到一个报刊亭就可以看见亭子内外都是期刊、报纸，挂得满满的，娱乐、歌坛、心理、管理、电脑等不一而足。说实话，想要订一份报刊真的很难选择，于是有些人就选择了多份订阅。生怕错过了一些信息的摄取，结果满屋子都是过期的杂志、报纸。

曾经在一本笑话书上看到过关于订阅报纸的故事，说一个部门又到了年头订阅报纸、刊物了，部门经理二话没说，把所有可选的都订了，新来的小李实在不可理解了，这么多种报纸、杂志，怎么看也看不完啊，就说每天的报纸吧，大大小小加起来十来份了，成天不用干事了就看报纸都不够，令他百思不得其解。

后来，资深的人才告诉说，这是公司的惯例，反正每年的刊物钱也不能拿到手，不订就没有。干脆全都订下来，上班没事干就看报纸啊，还不愁没得看，上头还觉得我们部门学习精神强得很，最重要的是到了年底这些报刊可以堆得像小山一样，卖了还可以给整个部门聚餐呢！小李这时候才恍然大悟。

当然，这个只是一个笑话而已，真正的企业不可能让大家这么做。订阅报纸是让大家了解及时的消息，给你学习的机会，而不是用来打发时间的，也不是用来堆积起来卖的。

我们正确对待刊物的方法应该是，有目的地去订阅，对你的学习、工作有帮助，或者对你的爱好、休闲有帮助的报刊，你可以去订阅，也有必要去订阅。这样你才能知道最新的信息，给自己的学习充电，让自己的生活更充实。但是千万要注意了，一个类型的刊物绝对不能订多个，例如，你要写小篇文章，喜欢看别人的微型小说来找灵感，那么你可以到市场上去寻找调查一下，这个类型的杂志哪个最好，最合适。决定了之后就订阅它，最多订两种，一定不要再多了。

再说像报纸，如果你每天都要看体育新闻，那么你就去订阅一份体坛周报之类的就可以了，他会很全面，很详细地报道你喜欢的信息。

订阅了太多的报刊，会带来信息的重复和多余，无意中增加了信息量，你看不完的话就给自己造成巨大的心理压力。从时间上来说，这样做的危险是，你既然订了这些期刊，就会把它看完，这样就给了自己一个浪费时间的借口。

一般人的心理都是这样的，既然买了就不要浪费，所以打着冠冕堂皇的借口，觉得自己在增加信息量，看得多就比别人知道得多，殊不知，有些东西完全没有作用。这时候，大家都很容易就会要想着把这些刊物看完了再干别的事情，就这样时间慢慢地消磨掉了。这就是双重浪费了，既浪费了订刊物的金钱，又在浪费着看这些没用东西的时间。

我曾经就这样做过，当时想要了解科幻作品写一些东西，于是向大家征求意见，结果大家是意见不定，我只好自己去报刊亭看了，那个老板也向我推荐了好几种，我随便翻了一下，发现好像都还挺有意思的。于是干脆就把几种都订了，可是连续看了几期之后，发现问题了，我好像成天都在看这几种东西，都没有时间来干别的了。想要放一放，又觉得花了钱为什么不看完，而且看多了发现类似的东西太多，看到开始就知道整个故事的大概了，也没有什么意思，其实一本就已经完全足够了。浪费了这么多的时间，完全没有干正事。

这时候后悔已经来不及了，还有好几期还没有到呢，也不能退货，从这以后，我见到人就奉劝大家千万别这么傻。

因此，你也要记住这个教训，根据你的需要来挑选一个好的就可以了，完全可以满足你的需求。每一种期刊、报纸的主题基本是固定的，你订期刊的目的是什么千万要记住，不要乱订。

借助关键字来筛选你想要的信息

小时候读一篇文章，老师总让我们去找每一段的主要句子、关键信息是什么，只要通过那么一个词，或者一个句子就可以知道整个段落讲的是什么，进而知道整篇文章的意思，想要取得的信息就好找了。

这种从小培养的习惯应该要很好地利用起来，可是有些人长大了却把它忘了，在信息的海洋里面不知道怎么去抓住重点来汲取有用的信息。即使是一件事情也是有多个方面的，只要记住你需要的东西是什么，关键的词语是什么，就能搜到你需要的信息。

这种方法，在网络上应用得很广泛，当你想要收集一件事情的信息时，就可以在网络这个茫茫大海里面慢慢寻找。

每个人都有自己筛选信息的方法，不同的方法得到的结果不一样，有些人凭着自己使用过的经验去寻找，有些人是凭着别人的介绍去找，但是哪个方法都不如利用关键词搜索的方法来得快，来得准。

百度的广告词是这样说的：中文搜索风云榜每天对上亿次搜索进行分析，权威、全面、准确、精彩！凸显热点，纵览风云，挖掘萦绕在我们身边的新奇和惊喜，透过搜索，把握世界。

的确是这样的，像 baidu、google 等等搜索引擎的关键词搜索就是专门为筛选信息而准备的，我们在搜索信息的时候，最可怕的就是一个一个地打开链接，这样耗费的时间是不可计量的，而且有些还是打不开的，想要的信息还不能得到。因此我们需要做的就是先分析我们需要的信息，找出关键词，输入这个词语，这时候你就会看到很多链接，这就是最基础的搜索。

当你的搜索出来的时候，也不要就这样一个一个打开这些链接，这也是一个很大的工程，这一步之后，你可以有两个选择的方向：

第一种就是浏览一下列表下面那些相关链接网页的内容，有一些是没有什么用的，找出你需要的那种，再打开来找你要的信息，并且同时快速地放弃没有用的，不要去理它。如果你要把这些网页一个一个打开，那也是一个效率低下的做法。最开始，我刚刚接触搜索的时候，就是这样的，搜到一堆链接之后特别高兴，挨个打开，结果发现很多都没有用。再回头一看，其实在列表下面就可以看出来哪是没有用的，都做了无用功了。

第二种就是你继续找你信息中的关键词，有时候关键词不止一个，比如说，我们想要下载一个免费的制图软件 auto CAD，你在搜索的时候如果只输入了 auto CAD，那么就会出来很多的链接，有的是介绍 CAD 功能的，有的是相关的应用，还有应用视频等，反正你能想到关于它的就全都有了，这时候慢慢去搜寻有用的网页就很麻烦了。这时候你最好在搜索栏里再加上免费下载的字样，这样出来的基本就是你需要的东西，这时候再筛选就方便多了。所以要学会用多个关键词来搜索的方法，这样可以节约时间和精力。

一个好的关键词可以让你的搜索立马见效，能最大限度地代表信息内容，能够得到相当精确的信息材料。所以，你的关键词不可以太多，限制了搜索的范围，关键词也不可以太窄，选择的时候，一定要考虑要选择的信息是什么。

有时候关键词也是可以用别的词替换的，没搜到多少相应的信息的时候，就要换掉你的关键词，看看你是不是找得不准确，还是用别的词语代替更好一些。

掌握最有效的读书技巧

速读就是快速阅读。它是指能在尽可能短的时间内，从读物中摄取到尽可能多的有用信息的一种阅读法。在当今文字信息密集的社会中，掌握速度方法，提高阅读效率，已经成为当今时代对人们的一种特殊要求。

第二次世界大战期间，为了迅速地判断急行中的舰艇作用，美国采用闪示机对士兵进行快速识别训练，达到了提高急速反应能力的效果。这种闪示识别是现代速读训练的常用方法，然而，用于对文字材料的速读训练却出现在第二次世界大战以后。当时美国西北大学研究了速读方法和训练仪器，20世纪60年代开始出现了速读课程和快速阅读学。一些教师、官员、医生、律师等主动前去接受训练，据报道该国总统肯尼迪也在其列。

在中国，快速阅读在中国的发展早期最有影响的是20世纪60年代的王梦石先生和他的王氏速读出版社，创立了一套快速阅读的系统理论和训练方法，为社会培养了大批速读人才，到20世纪80年代，学员累计逾10万人。

列宁看书习惯于一目十行，迅速抓住整段整页的意思。他在《列宁全集》中引用自己看过的书竟达 16 000 多册。他在研究帝国主义这个专题时，读了 148 本书、49 种期刊中的 232 篇文章，写下 60 多万字的札记。

斯大林也是一位速读能手。1938 年夏，几位苏联红军将领来到斯大林的住宅，看到办公桌上堆着一厚叠印刷厂送来的新书，大为惊愕。斯大林笑着说："无论如何，我每天一定要读完 500 页书，这是我的定额。"

为什么速读出现不久就受到了这么多行业、学校的欢迎呢？从时间管理的角度来说，不管我们是学习知识，还是阅读文件，阅读的速度直接影响你的阅读量，直接关系到摄入信息的效率。我们在古人的传记里面经常看到那些神通的"一目十行"之说，很是羡慕这种快速的阅读方法。然而当我们还没掌握快速阅读技巧的时候，读得太快了就不知道自己在读什么了，快而无效，这就没有快的意义了。

因此，我们在这里就是要强调，快速地了解知识，而且是有效地了解。因此要学会掌握快速阅读的技巧，这可以给我们的阅读带来很多的方便。

普通阅读中，每分钟 200~400 字的慢速度，加上理解和记忆率低，往往一本书要几天甚至几十天才能看完，太累、时间又紧；某天一被打断，再要继续学习，更是难上加难了，甚至有始无终了。每个人都有体会：很想看许多书以获得更多知识，但因为以上原因一瞬间便放弃了看书的念头，遗憾不已！

掌握了速读记忆法，1 分钟可提高到 1 000 字左右，一个或几个小时便能看完一本书，又更多更牢地掌握了其中的要义和精华，真是痛快的享受！而有一些高速阅读技巧经实践证明：经过训练 30 小时左右，即可使学员的阅读速度提高 5~10 倍，即可达到 3 000 字 /分钟左右。

看到这些有益之处了，我们是不是该从现在开始提高你的阅读速度呢？

在这里简单介绍几种快速阅读的方法：

①跳读阅读法；

②无声视读法；

③循章归旨法；

④扫描阅读法；

⑤检视阅读法；

⑥意会神摄法。

跳读法就是指眼光从一个"字群"（字群是由多个字词组成的）跳到另一个"字群"进行阅读，不是从头到尾通观全貌地读，而是有重点、有选择地去读自己想要阅读的内容，特征是：有取有舍、跳跃前进。

无声视读法是汉文快读最根本、最重要的一种读书方法。所谓无声视读，其实是一种"眼脑直映"（运用眼和脑两大器官，省去了口的发音和耳朵的监听）的读书活动。

循章归旨法，就是遵循汉文的章法规律，快速归纳出文篇或书本的主旨，也可以说是根据汉文的"意合"特点来快速提取有用信息。

扫描阅读法，对于以检索、查阅或捕捉信息、了解情况为目的的阅读，可采用扫描式阅读法。

检视阅读法是一种搜求性阅读活动，又称为"寻读"或"猎读"。它以检索寻找某项或几项特定的内容为阅读目的。有的是为了搜寻有关的读物，并从中选择最佳的必读材料；有的是为了解决学习和研究中的疑难问题。

意会神摄，重在意会。意会作为一种认知方式，是指主体认识客体不经过严密精细的逻辑分析的推理过程，只是凭借已有的知识经验与课题所包含意义的相互联系和作用，从而直接获得对课题的整体认知理解的心理过程。

找到方法，选择适合自己的，坚持不懈地练习下去，你也会"一目十行"的。

带着耳朵去听：提高倾听效果

人有五官，各司其职，在摄取信息的时候，我们提到的都是通过眼睛来吸取信息的途径，其实我们还有通过听来记住一些信息，而且有研究表明说，同一时间内由听而记住的东西比看记住的要多。

因此，听也是一个很有效的获取信息的方法。你和别人的交谈要通过倾听来记住别人说了什么；上培训班的时候要通过听来理解老师在上面讲的东西，下课后看三遍笔记也不如认真听一遍的效率高。有效的倾听，有利于发展良好的人际关系，理解他人的思想，欣赏他人人格；同时，有效的倾听，还可以发掘对方一些宝贵的经验，学习他人的知识，丰富自己。

医生在确诊病人的病症之前，绝对不可能开具处方。他也需要信息，不可能乱猜病人的病情。所以，一开始，当医生看到病人时，他们总是先提问并聆听——他们提的问题大致是这样的："哪里受伤了？""怎么个痛法？是感到抽痛、刺痛，还是全身都痛呢？""经常痛吗？每次痛多久？"然后，医生才会给病人开出药方。你见过那种不听不问，一见到病人就开药方的医生吗？

所以，我们也要注意听的技巧，有些人是听的时候没有带耳朵的，看见他似乎在听的样子，其实心不在焉，根本就没有听进去，都在浪费时间了。

人要会用眼睛去看、用耳朵去听、用唇舌去触摸、用鼻子去闻，这样的人才能做出一些成就来，和别人交谈的时候记得带上自己的耳朵。你就简单地想想，如果你在和别人谈话的时候，你心不在焉，你对别人的问题答非所问，那别人是什么感受，至少会觉得你不尊重他，那么你们办事的效率就要大打折扣了。

要想控制局面，必须集中精力。如推销人员会把注意力放在顾客身上，把一切杂念抛在脑后。这样就可以观察顾客的每一个动作，听他的每一句话，体会其中的含义。

著名的推销人员赫伯特先生就有这样没带耳朵的时候，他为此付出了代价：

一次他到房地产商吉姆先生的办公室去拜访，他对保险计划很感兴趣。谈到一半的时候，吉姆开始谈起自己的儿子，吉姆先生显然很为自己的儿子骄傲。但是，办公室外有一些人在说笑，赫伯特忍不住去听门外的笑话，但赫伯特知道这样做有欠礼貌，所以在吉姆先生大谈自己儿子如何深受器重时，他仍不住地点点头。他以为吉姆先生会以为自己在留心听他讲话。

然而，当回到正题，谈起保险的事时，赫伯特发现他态度已经变得冷淡了，结果，他突然站起来说：“赫伯特先生，我们谈得够多的了。”说完就走了出去。这就是谈判的结局！

晚上回家时，赫伯特一直在思索自己到底做了些什么。后来，决定给吉姆先生打电话问个究竟。

“这是怎么啦？”赫伯特问他，“到底是什么使您气冲冲地走了出去？”

“赫伯特先生，我告诉你是怎么回事。”他生气地说：“你不停地看门外，显然你不想听我说起我的儿子，倒是更有兴趣听那些推销员讲笑话。我反感你那样做。”

赫伯特才对自己的行为感到羞愧。沉默了一会儿，他说：“您说得完全正确，是我的错。您知道我想说什么吗？我想说我不配得到您的生意。在您挂电话之前，我想让您知道，我认为您有权利为您的儿子感到自豪。您的儿子听起来也像是位优秀的年轻人，我相信他将来会成为一名出色的律师。我真心地感谢您对我说的话，使我学到了宝贵的东西，我只希望有一天您能再给我一次机会。"直到 1 年后，赫伯特才从吉姆先生那里得到一张订单。

话从口出，出去了就过去了，不像是我们可以看见的文字、图片，没有看清楚还可以再看一次。很多时候，听别人说话的时候，你是没有办法叫别人再说一次的，错过了就过了。就像在开会的时候，老板在上面讲工作安排，你没有好好听，那你也不能叫老板单独告诉你一次，只好再下来问别人，这又是何必呢。

所以，一定要随时把自己的耳朵带上，听懂别人的话，听到别人话里面重点的部分。听的时候最好专注于听，不要再干别的事情了。有些人喜欢听着歌做事，觉得很好，其实你自己注意一下就会发现，其实你也没有完整地听好一首歌，自己的事情也老是被歌声打断。听完了还要记住，不要"左耳朵进，有耳朵出"，什么都没有留下。

还有就是别人的谈话你要听仔细，不要被自己先入为主的概念给误导了。带上自己的耳朵，争取一次性把对方发过来的信息都记在脑袋里。

学会辨别信息的真伪，避免误听误信

《西游记》里面的孙悟空练就了一双火眼金睛，能轻易地在茫茫人海里面辨别出妖精，从而多次解救唐僧师徒于妖魔嘴里。

在信息良莠不齐的海洋里，我们同样需要有这样一双火眼金睛，辨别我们搜集到的资料的真伪性，避免自己陷入假消息的陷阱里。

互联网节点和用户数量在迅速增多，网上信息在以人们难以想象的速度增长。通过搜索引擎，人们可以获取"海量信息"，但这只是问题的表面。在这些"海量信息"的背后，人们面临的是如何从众多信息中快速获取真正对自己有用的信息，如何辨别信息的真伪和质量的优劣，如何避免在"海量信息"里迷航。

目前的主流搜索引擎对信息搜索的相关性和区分度还不能令人满意，部分专业搜索引擎还没有提供给广大网络学习者使用。人们常常为了某个特定信息花费大量时间在网上搜索，最终却不得其所，所谓"有用的信息找不到，没用的信息一大堆"，也有人说"我们处于信息爆炸的时代，却面临着信息饥渴的问题"。

一面是"海量信息"，芜杂不齐；另一面却是"信息孤岛"，无从获知。这就需要高效的信息搜索和筛选机制来支持，目前网络学习者经常面对的就是这种矛盾，直接影响了学习效率。

而现在我们可以方便地搜索到信息，也可以随意地发布信息，只要你有这一台电脑，基本能组织语言，你就是一个信息的制造者，可以制造一些似真似假的信息。因此，信息的真伪是大大值得考证的。你不见那专门制造八卦新闻的人，每天都在挖空心思地想着怎么制造轰动一时的新闻，这些信息又怎么值得去相信呢。

就说现在大学生毕业的时候需要从网上找招聘单位递简历这件

简单的事情吧，在网上老看见一些招牌似乎很响亮的招聘单位，招聘条件要求都挺低的，说它是假的吧，它又有专门的网页，而且网上好像也没有关于这些单位的投诉信息；说它是真的吧，它的介绍又写得扑朔迷离，无法找得确切的证据。

因为这样的原因，每年都有很多的人受骗上当，一般会让你去面试，然后向他们交纳一些看起来不多的费用，不久之后就发现没有音信了，等到他们赚够了钱之后就逃之夭夭了。

还有就是现在网上、手机里总是会有很多的中奖信息，这样的东西一般都是骗人的，没有相信的必要，不要一时利欲熏心。否则只会"赔了夫人又折兵"。

"不要怀疑你怀疑的能力"，我们要对一些不确定的信息抱着怀疑的态度，用辩证的思维去考虑他的真实性。

要想学会怎么去辨别信息的真伪，首先就要有一种思想，你看见的，你听见的都不一定是真的，太容易相信别人反而容易被别人所伤。你该带着一双质疑和挑剔的眼睛，去观察信息的结构内容来源，去看这些信息到底是真的还是假的。至于具体的辨认，首先，你可以关注一下信息来源。一些大的信息源是相当重视自己的信誉的，在信息发布之前会经过严格的审查。中央电视台，新华社一般都很少有假的信息。不过，当然也不能盲目地相信，老马也有失蹄的时候，在关注信息源信誉的时候，多方去求证，看看其他一些同样大型的信息源对于此事物有什么样的信息发布和评论。如果你有一些职业需求，如记者等，最好能求证事件的当事人，或者信息涉及的相关人士。

　　要能够很快地辨别信息的真假，还是需要自己的专业能力，需要我们平时对专业的了解程度，对常识的理解。平时，多加强一些思维逻辑的训练，多拓宽一些视野，处理信息时，就容易分辨出真伪，误听误信的可能性就会小很多。因此，平常多给自己充电，多加强逻辑思维的训练，让自己长出一双火眼金睛。

Chapter 08

会忙的人，都是会休息的人

"一张一弛，乃文武之道"，机器运转久了需要冷却，汽车行驶多了需要加油，绷紧的弦太久了就会断，不懂得休息的人身体会垮。

自己该工作的时间好好工作，该休息的时间就不要再想着工作了，提高自己的效率，在该完成的时间完成，不要拖拖拉拉。

劳逸结合才是正确的方法。

筋疲力尽干 10 小时，不如精神饱满地干 5 小时

人在疲劳的时候只想休息，如果在疲劳的时候继续工作的话，工作的效率得不到保证，在一些危险的行业，疲劳操作还容易引发人身安全问题，你不见新闻里面常常有说司机疲劳驾驶，造成了车毁人亡的结果。还有一些操作机器的员工，由于加班加点工作，生

产出来的产品不合格不说，一不小心就会出事故。

从医学角度上来说，人在长期的疲劳工作状态中也容易产生心理疲劳，继而产生很多的病变。虽然不至于致命，但是长期这样对人的身体很不好，渐渐就会带来很多的身体上的毛病了，心理的压力也会增大，会导致烦躁，生活将得不到和谐的发展。

医学专家指出：除了劳累等因素导致的疲劳之外，经常性莫名出现的疲劳可能是疾病的警告信号。而这时如不加以重视，听之任之，那么，疲劳感就会进一步加重，有可能引发各种功能性、退行性疾病。譬如被称为"人体化工厂"的肝脏，由于新陈代谢减衰造成机能下降时，即会发出"疲劳"信号；再如糖尿病，由于新陈代谢及免疫失调，胰腺器官细胞受损致使分泌胰岛素的能力不足，并引起全身性代谢紊乱综合征时，患者也时有昏昏欲睡之感。显然，"疲劳"信号应引起人们的警惕。

所以从这个意义上来说，其实加班不好，人的疲劳操作没有什么大的意义，与其一直没有效率地做事，还不如在疲劳的时候先休息一下，等精神饱满了再接着做。据我自己的经验，在我工作了一天的时候如果还要接着做事，我可能一个晚上也做不出来东西，可是等休息好了两个小时就可以搞定。一般来说，效率至少可以提高1倍。

我们一直都在提到效率这个问题，管理时间的一大方法就是提高做事的效率。把总的时间算起来，劳逸结合了，精神饱满地干几个小时得到的效果比连续疲劳操作的效果要好，效率低的情况下工作不仅耽误时间，还会给人带来疲倦感，而这种疲倦感可能会持续一段时间，还会影响到之后的工作。在激烈的市场竞争条件下，工作效率的高低已成为影响企业成败的关键因素。

小李接到一个新的任务，要在一周的时间内拿出一个方案来，但是他现在还有另外一些工作，这些工作也不能落下。于是她白天忙着做自己现在的事情，晚上回到家，吃个饭继续加班设计方案，没有一点休息的时间。连续两天之后，发现白天上班的时候老是要打瞌睡，上班的时候做事老是出错，有一次因为把数字抄错了，还挨了一顿训，弄得满肚子的委屈。家人也说她太不要命的工作了，家里的事情什么都不管。

几天之后，方案倒是拿出来了，可是主管一看，不满意了，开始的计划还可以，可是后来的越来越不像话，新来的人都比她做得好。

她真是满心的委屈啊，睡没睡好，上班的时候要做的事情也没有做好，方案还受到否定，真不知道自己出了什么问题。

工作中只有保持了工作效率才能够增强生产力，我们前面说过工作不要时断时续，其实和这个是不矛盾的，我们要把自己精力旺盛的时刻都用来好好工作，把自己没有效率的时间都拿来休息，给自己的身体补充营养以便能更好地使用。

想要保持效率，就要很好地休息，不要超强度地工作。机器转得太久也要冷却一下，否则机器可能就要因为工作太久而报废，即使不报废，这样疲劳使用，它的寿命也会减短。人也是一样的，休息好，保持好你的精力，让人都看见你精力旺盛的时候。

当然，在工作的时候，要保持良好的状态，还有很多要注意的，例如，我们要全心投入工作、工作步调快、专注于高附加值的工作、熟练工作、集中处理、简化工作、比别人工作时间长一些等，坚持这些方法，让你的 5 个小时能够创造别人 10 个小时都拿不出的成就，更何况是疲劳的 10 个小时呢。

记住：疲劳了就要注意休息，不要死命撑着工作，没有效率还会耽误别人的时间。

掌握随时随地放松的要领

疲劳是现代人的通病，高强度的工作很容易使人陷入了疲劳的状态，紧张的工作，快速的运转，一不小心就累了。在这个时候，我们说过，不要强迫自己继续工作，但是我们不可能工作的时候觉得累了跑回家去休息休息，这个时候，我们要的就是随时随地地放松，不能总保持紧张的状态。

随时随地学会放松，学会自我减压，对于在大城市生活的人来说，尤其重要。有个祖籍就是上海的老师说过，很多人抱怨上海人冷漠，不愿多讲话，其实主要还是工作压力大造成的，你想每个人出去上班就是一整天，路上就要几个小时，晚上回家可能就 7~8 点钟了，还要做饭什么的，累得连话都不想说，更不用说串门了。这都是压力使然。想想也是。这种状态是那些在中小城市悠闲地生活的人所不能体会的，所以在老家常看到有些人下班喝点小酒打点牌逛逛街，但在上海就成了奢侈的事情，甚至连同学聚会也经常是匆匆的，因为聚会成本太高了，首当其冲的就是时间和路程。

疲劳的后果是很严重的，学会怎么去随时随地放松是很重要的。我们每个人都会有不自觉放松的天性，但是有时候是被高强度的工作所逼，怕自己落下，因此神经一直都是紧绷着的。其实没有这个必要的，这样只会更累，注意一些放松的方法，下意识地让自己在累的时候放松自己。

放松的方法有很多，在这里简单地介绍一些很有用的方法，让自己随时随地都可以采用：

打盹：学会在家中、办公室，甚至汽车上，一切场合都可借机打盹，只需 10 分钟，就会使你精神振奋。

想象：借由想象你所喜爱的地方，如大海、高山等，放松大脑；把思绪集中在想象物的"看、闻、听"上，并渐渐入境，由此达到精神放松的目的。

腹部呼吸：平躺在地板上，面朝上，身体自然放松，紧闭双目。呼气，把肺部的气全部呼出，腹部鼓出，然后紧缩腹部，吸气，最后放松，使腹部恢复原状。正常呼吸数分钟后，再重复此过程。

伸展运动：伸展运动可以使全身肌肉得到放松，对消除紧张十分有益。

放松反应：舒适地坐在一个安静的地方，紧闭双目，放松肌肉，默默地进行一呼一吸，以深呼吸为主。

头部：抬起头来走路，"高瞻远瞩"，不要"埋头苦干"。放松口唇，不要紧闭。看东西时要有目的、有计划、有顺序，不要向前瞪大眼睛。多眨眼，这样可以润滑眼球，有利于眼球内的血液循环，防止注视引起的紧张。

颈部：揉捏自己后颈部的肌肉，按摩颈椎骨。小转头，吸气时把下巴向左上方或右上方抬几次，然后把下巴尽量向后拉，保持这个姿势向左右看。大转头，垂头，下巴接近胸部，由右向后向左向前转圈，头在正前和正后方时略停一下，头由前转向后时吸气，由后转向前时呼气。

深呼吸：什么也不想。经常按摩玩弄自己的手，先放松大拇指的根部与手腕的连接处，按摩手的各个关节，摇动全手。做"飞"的动作：吸气时左右两臂平举，手心向下，好像鸟展翅，两脚略分开，轻松随便地站立，双臂不用力，随胸肋而上举和自由放松地落下来。不要养成双臂在胸前交叉的习惯。

眺望远方法：高强度的工作会使你压力重重，完不成任务的紧张心理使你烦躁不安，这时你只需要离开你的办公室，来到窗口，凭窗远眺，远方的美景会使你心旷神怡，飞翔的小鸟会勾起你对未来的美好憧憬。

眼睛累了也可以做一下眼保健操，多看看绿色，一般来说，用电脑一个小时就应该站起来稍微运动一下。

总之，放松的方法是多种多样的，找一个或者多个你可以采用的方法，随时放松你的精神和身体。

晚饭前休息 1 小时，会给你每天增加 1 小时

卡耐基说："如果你无法保证午睡，晚饭前躺下休息 1 小时是你必须要做的事。这远没有一杯饭前酒昂贵，而且算起总账来，比喝一杯酒还要有效 5 000 倍。如果你能在下午 5 点、6 点或者 7 点左右睡上 1 个小时，你就可以在你生活中每天增加 1 小时的清醒时间。因为晚饭前睡的那 1 个小时，加上夜里所睡的 6 个小时，一共是 7 个小时。这要比你连续睡上 8 个小时更有助于恢复体力，消除疲劳。"

丘吉尔中午会午睡，晚饭前也会休息，而且晚饭后一直在床上工作。这样的习惯令他每天工作 16 小时以上。尽量在中午找地方小息一下，晚上回到家中也可以在晚饭前休息一小会，这样可以令你一直工作到深夜。

当然，我们不用像丘吉尔一样工作那么久，我们也没有丘吉尔那样的精神，但是丘吉尔也是正常人，为什么他就有那么多的精神来做事情呢？那就是因为他会休息，会安排自己的休息时间。

下午是一个很容易疲劳的时段，如果时间过长，工作质量和效果都会受到一定的影响。以 2~3 小时为宜，但是我们上班的时间却不受自己的控制，再加上我们下班后挤公交车或者是自己开车的劳

累。这些因素造成了下班后马上吃饭是不合适的。

在吃晚饭前的这段时间，是最适合休息的时间，因为此时注意力不容易集中，还很疲劳，可以散步、去超市购买简单的生活用品。但千万不能从事紧张的脑力劳动，打斗游戏或刺激的电视片都不要涉及，反而幽默片、相声小品等很适合在这个时间看看听听。

如果有兴致，最好可以自己做，享受一下买菜、择菜、做饭的过程，这也不失为一种很好的转移注意力的放松方法；或是干脆放下所有的一切，静静地坐一会儿，欣赏那些舒缓的音乐，读一本有趣的书，为自己彻底换换脑。这都是很好的休息方法，坚持下去，尽量养成这样的习惯，因为这种习惯更能使您得到充分的休息，提高第二天的工作效率。

在一天 24 小时的工作和生活中，要尽量多地插入休息，比如午休，比如晚饭前小憩，比如工作时段之间的活动和休息。

其实更多的休息绝不是浪费生命和时间，因为我们身体内的每一个细胞都需要休息、保养、呵护、滋润。让细胞们饱满圆实、充满活力，而不是干瘪、粗涩、扭曲、变形，我们就能健康愉悦。癌症是什么？癌症就是细胞的变异，所以，请爱护每一个细胞吧。

体力劳动的人，休息时间多一些，每天就可以做更多的工作，贝德汉钢铁公司佛德瑞克·泰勒工程师对产生疲劳的因素，做了一次科学性的研究，认为工人不应该每天只能往货车上装 47 吨的生铁，应该装 125 吨，而且不会疲劳。为了证明这一点，泰勒选施密德先生来做试验，让他按照马表的规定时间来工作——有一个人站在一边拿着一只表来指挥施密德："现在拿起一块生铁，走……现在坐下来休息……现在走……现在休息。"结果怎样呢？别的人每天只能装 47 吨生铁，施密德却能装 125 吨，而且在 3 年里，施密德的工作能力从来没有降低过。他之所以能够如此，是因为他在疲劳之前就得到了休息：每个小时他大约工作 26 分钟，休息 34 分钟，休息的时间比工作时间还多，工作成绩却差不多是其他人的 3 倍。

而人每天在晚饭前都是最累的，再继续下去就是很疲劳了，休息一个小时可以让你身心愉悦，清爽不已。只有爱护自己的人才有足够的休息时间，才有更多的时间用来工作，效率才能提高。

每天晚饭前休息一个小时，给自己的每天增加一个小时，让你精力充沛，每天都有很好的精神来应付繁重的工作，不至于休息不好而效率低下。

所以，不妨换一种生活方式，学一下丘吉尔的样子，回家之后不要急着吃饭，先松懈一下自己的神经，休息好了食欲才能更旺盛。第二天的效率就能更高。

不要失眠要睡眠：睡眠既要充分又要科学

人的一生中有三分之一的时间是在睡眠中度过的。睡眠作为生命所必须的生理需求，是机体复原、整合和巩固记忆的重要环节，对保持健康是不可缺少的。专家认为充足睡眠，均衡的饮食和适当的运动是健康生活的三个鼎足。

战国时名医文挚对齐威王说："我的养生之道把睡眠放在头等位置，人和动物只有睡眠才能生长，睡眠帮助脾胃消化食物。所以睡眠是养生的第一大补，人一个晚上不睡觉，其损失一百天也难以恢复。"

清代医家李渔曾指出："养生之诀，当以睡眠居先。睡能还精，睡能养气，睡能健脾益胃，睡能坚骨强筋。"

老百姓常讲："药补不如食补，食补不如觉补。"人要顺应自然的规律，跟着太阳走，即天醒我醒，天睡我睡，养成早睡早起的生活习惯，不要跟太阳对着干。

大量的医学研究表明：如果睡眠时间不足或者质量不高，就会引起烦躁不安，情绪不稳，注意力不集中，严重的甚至会造成精神错乱。由此可见，我们每天 1/3 时间内睡眠的好坏，将直接影响到另外 2/3 时间内的工作和学习，因此，在我们一生中，1/3 的时间在睡眠，2/3 的时间靠睡眠。当您的睡眠出现问题时，健康生活失去平衡，我们的健康就会不断被透支。因此能否获得优质的睡眠对于维持人体健康起到举足轻重的作用，科学的睡眠能够储蓄您的健康。

但是现代人似乎在睡眠上的问题越来越多，睡眠的质量越来越差，失眠、缺觉、多梦、半夜醒来等。这些问题让人精神不振，内心压抑，工作没有质量。本来很正常的生理需求，到了现代社会却有越来越多的问题出现，所以如何拥有充足而科学的睡眠是一个值得研究的问题。

那究竟怎样才能保证我们充足的睡眠呢，这里有一些小的建议：

（1）保持乐观、知足常乐的良好心态。对社会竞争、个人得失等有充分的认识，避免因挫折导致心理失衡。

（2）建立有规律的一日生活制度，保持人的正常睡—醒节律。

（3）创造有利于入睡的条件反射机制。如睡前半小时洗热水澡、泡脚、喝杯牛奶等，只要长期坚持，就会建立起"入睡条件反射"。

（4）白天适度的体育锻炼，有助于晚上的入睡。

（5）养成良好的睡眠卫生习惯，如保持卧室清洁、安静、远离噪音、避开光线刺激等。

（6）自我调节、自我暗示。可进行一些放松的活动，也可反复计数等，有时稍一放松，就能加快入睡。

（7）入睡前不要吃得过饱，不要吃过多辛辣、刺激性的食物，晚上不要喝茶、咖啡等令人兴奋的饮料。

这些方法都是可以借鉴的，但只是一个参考标准，选择性地实施，调整自己的睡眠，你就可以做到像正常人一样入睡。

小王从大学毕业开始，睡眠一直不好，主要表现为12点前难以入睡，及不管多晚睡觉，比如02：00，早上6点左右都会醒，好像每天都要赶早班火车，因此，第二天从中午开始就犯困，持续到傍晚，严重影响健康和工作学习。

近1个月，为了迎接英语学习的挑战，采取三条措施：

（1）更换成金丝绒窗帘，有效遮挡室外光线。

（2）按摩，请了个台湾的老中医进行整体疗法的按摩。

（3）慢跑，一周三次，每次半小时。

现在每天晚 12 点前基本能睡着，早 8 点前肯定不会醒。

小王都可以慢慢地改过来自己睡眠不足的毛病，相信你也可以。

失眠是相当让人郁闷的事情，劳累了一天，觉得整个身体都需要彻底休息的时候，却发现自己怎么也睡不着，所以应通过各方面的生活调节来养成良好的睡眠习惯，学会控制睡眠。有规律的生活节奏有助于快速入睡。

正确对待熬夜：一不能太晚，二要迅速补回

打着哈欠，灌着咖啡，撑着酸涩的双眼，静谧的夜里好像只听得到自己的呼吸声。不论是准备开会资料、赶写报告或是苦读隔天要见面的客户资料，谈起熬夜经验，许多人都只能叹口气，有种"又能如何"的无奈。

熬夜打乱了生理时钟，身体的器官与机能也跟着乱了脚步。该睡时不睡，副交感神经无法发挥让身体平稳、修复的作用。台北医学大学附设医院睡眠生理实验室主任康峻宏指出，交感神经相对活化，是心血管疾病的危险因子。例如时下的"过劳死"或前段时间某台湾工程师因熬夜而眼睛中风，都是同样的道理。

而本应在白天因压力而分泌的皮质醇，在晚上也因为醒着而分

泌，造成情绪不稳；更使得免疫功能出现异常，以致身体无法对抗外来的病菌。

ACCA特许公认会计师公会在上海组织了一个模拟求职训练营，吸引了500多位复旦、交大、同济、上外、财大的应届毕业生，期间测试了大学生就业前的各项能力，其中时间观念是重要的一项。这道时间管理的测试题是：如果你是一个从事农产品贸易公司的中层管理者，早晨8：30上班，中午休息1小时，下午5：30下班，今天需要处理7件事情：第一，处理当天紧急事宜，需要1小时；第二，有谣传公司的产品有质量问题，处理投诉需要2个小时；第三，和公司总监沟通需要4个小时；第四，和总经理一起吃工作餐需要1个小时；第五，编写下一年度的预算报告需要2~3天时间；第六，处理前一天未处理完毕的事宜需要1个小时；第七，下午开会的材料还没有准备好，需要30分钟。你将如何安排自己一天的工作？

测试结果显示，九成大学生将一天的工作流程安排到深夜12点，尽管如此，他们还没有处理完一些重要的事情。

从事培训20多年的美国培训师介绍，测试结果说明学生不会分辨事情的重要性，持续工作到深夜12点也没有处理好一些重要的事情，工作效率低下。长期熬夜不仅不利于健康，也会导致人精神涣散，影响工作效率。

其实，不仅是这些还没有走出学校大门的学生，即使是工作了很多年的人也避免不了要熬夜，睡一个好觉，做一个好梦，这是很多人的心愿，而且对身体有非常大的好处。但是，现在社会由于工作压力的增大以及各种其他原因，很多人却不得不每天熬夜，于是熬白了头发，熬走了健康。

对这些必须熬夜的事来说，最好的保护措施自然是"把失去的睡眠补回来"，因此有两点建议：一不能太晚，二要迅速补回。

针对第一个建议，就是大家要很好地安排自己的时间，就像上面这个测试里面的事务安排，其实这些事情是无法在 24 小时内完成的，因此需要根据事情重要性的大小进行取舍，对一些有关联的事情可以合并起来处理。比如说，第一、第二件事情很重要，最好尽快完成；第二和第三件事情可以合并处理，这样还可以节省 1 小时，工作效率也提高了；第五件事情需要化整为零，每天做一些就可以了，这样就不需要熬夜工作了，或者熬夜的时间就会减少一些。在凌晨 4、5 点钟是人特别想睡的时候，那时候效率也特别低下，熬了一整夜，你也感到很累，所以睡觉时会睡得特别香、特别沉，你会休息得特别好。

第二个就是熬夜完了一定要迅速地补回来，才能不影响你身体的机能，给自己带来健康。

睡前需护理，熬夜过后倒头就睡是最不好的习惯。这时应先服用含天然膳食纤维的保健品（如罗汉果甜素、低聚糖等），既能润燥又有助于睡眠。

加班即使再晚，也应当留出一点时间保持个人卫生，不要回到宿舍倒头便睡，最好能用热水烫一烫脚，让紧绷的神经得到放松。

整体说来，熬夜的保健仍取决于日常饮食。熬夜的人多半是做文字工作或经常操作电脑的人，在昏黄灯光下苦战一夜容易使眼肌疲劳、视力下降。维生素 A 及维生素 B 对预防视力减弱有一定效果，维生素 A 可调节视网膜感光物质合成，能提高熬夜工作者对昏暗光线的适应力，防止视觉疲劳。所以要多吃胡萝卜、韭菜、鳗鱼等富含维生素 A 的食物，以及富含维生素 B 的瘦肉、鱼肉、猪肝等食品。此外，还应适当补充热量，吃一些水果、蔬菜及蛋白质食品如肉、蛋等来补充体力消耗，但千万不要大鱼大肉地猛吃。花生米、杏仁、腰果、胡桃等干果类食品，它们含有丰富的蛋白质、维生素 B、维生素 E、钙和铁等矿物质以及植物油，而胆固醇的含量很低，对恢复体能有特殊的功效。

还有就是最重要的，一定要抓紧时间把失去的睡眠补充回来，抓住一些小的机会打一个盹也好，最好是做完工作能够好好睡一觉。

人的精力都是有限的，不要长期熬夜，要学会善待自己。即使熬夜了，也要科学地采取一些措施补救回来。

"一天忙到晚，周末连轴转"不值得提倡

2005 年 6 月刚结束一营培训，小李就来到一家公司的市场部，在导师的指导下负责招聘调配工作。通信专业出身的她，刚走上工作岗位，还没来得及深化人力资源相关知识，就开始了"连轴转"的生活——工作日处理日常工作，周末出差各大城市组织和参加招

聘会，经常是连着几个月没一个休息日。

想想也是这样，人为什么要工作？还不是为了能够更好地生活，如果你的工作让你的生活已经失去了和谐，身体已经不行了，那你工作的代价可就太大了。

身体才是一切，只有身体好了人才可能有精力去做别的事情，但是现在的社会像小李一样的人多得是，特别是一些年轻人。本来年纪轻轻的，因为长期的连轴转，整个人看起来疲惫不堪，完全没有年轻人的朝气与活力。

很多上班族劳累了一天，回到家什么都不想干，什么都不想吃，只有一个字"累"。市场如同战场，白领生活长达30年以上，如同持久战，没有健壮的体魄，是很难胜任日后的战斗的。充足的睡眠、均衡的营养、适当的锻炼、丰富的业余生活、良好的人际关系、乐观的心态是职业人士最好的保健品。

今年30出头的童先生是南京一家大型民营企业的销售经理。从2004年进入公司后，他就当上了一周出差6天的"空中飞人"。由于负责的是华北片区，童先生的客户基本上都在外地。每周一，童先生就从南京出发，直到周六才能回来。一个星期里，每天跑一个城市，解决问题、联络感情、投标开会，人就像陀螺，整天连轴转。好不容易到了周末，刚下飞机，老板的电话又来了：来了几个华北的客户，你晚上去陪一陪，明天再带他们逛逛总统府、中山陵，尝尝南京小吃。难得的休息天，又泡汤了。早几年，因为常年出差，童先生根本没时间谈恋爱，眼看着过了30，父母心里着急，赶紧催他相了几次亲，可每任女朋友都只谈了一两个月就跟他"拜拜"了。人家笑他是 7×24 小时全年无休的人肉机器。

虽然事业处于上升期，但童先生感觉身心非常疲惫，辞职的决心非常坚定。上个星期领导找他谈话，希望明年提拔他为区域销售总监，手下再增加十几号人，年薪和年终奖也比今年上涨 50%。可算算自己付出的巨大牺牲，童先生对加薪提职的兴趣并不大。他的愿望是第二年去找一份新的工作，即使薪水没有这么高也无所谓，要的是能够有合理的休息时间，再继续这么高强度的工作，自己肯定会垮掉。

伟大的无产阶级革命导师列宁同志说过：不会休息的人就不会工作。确实是这样，休息不是浪费，而是精力的修补。休息是人类赖以生存的必要条件，也是人类正常工作、学习和生活的保证。

在生活中，我们更应该学会"积极休息"，享受生活的时候，也给自己的身体一个加油的机会。累垮了身体对我们来说有什么意义呢，保养好了自己还可以给工作的时间一个更长的期限，给自己的生活一个和谐的音符。

我们现在都在讲究着可持续的发展道路与和谐社会的发展，这样的方法和结果才是有价值、有前途的，用牺牲换来的一时眼前利益是不行的。对待个人的身体也是如此，健康是自己的，自己把握才是最重要的。

不要无效地坚持"下班晚走"

大家或许都有过这样的经历，特别是在写字楼上班的朋友们，下班时间到了，都不会马上就走，为啥，担心部门经理看见，或者怕老板看见，怕他们说"上班不积极，下班倒积极"，对自己印象和影响不好之类的，一般都要等几分钟才会走。

记得看见一个人也问过说："下班时间到了，手头上的事已经做完了。但主任还在忙，每次我都想走，却不知道怎么开口。担心主任说你怕吃苦！一个办公室的同事，大家都不敢走，好像已经成潜规则了。可是坐在那儿实在没有什么事情可以做，于是就在那儿空耗着时间，着急地等待着主任做完自己的事情。难道只有下班晚走，才是敬业吗？只有超时工作才是具有责任心吗？"她自己也很苦恼。

曾经在一个人换了工作之后，在他的谈话中也听他说道：

"记得在原来公司的时候，去的第一天，我六点准时下班了，当时第二天，领导就问我为什么那么早走？在公司都学完该了解的东西了么？第二天，我开始观察大家什么时候下班，一看，晕了，都8点以后才离开公司，而且晚上有时间就召开产品卖点讨论会，有时候下班要11点多了。

逐渐地我从不习惯到了习惯，包括自己在外地工作的日子，也要求销售人员每天晚上进行理单工作到 7~8 点，当然我本身是不太想占用别人的下班时间进行整体总结工作的，有时候总是心里不忍。

现在到了新公司，这边晚上 5：30 就能下班了，基本 6：30 的时候公司就不会有几个人了，留下的基本都是需要处理文档工作加班的同事了，而我呢，现在不习惯早走了，每天都晚上 7 点才离开公司，和圈里的朋友沟通沟通市场，和老的代理商们聊聊我们的产品，感觉很多公司的高层就晚上有时间能沟通。今天上司过来很奇怪地问我，怎么还不回家？

其实新公司这方面做得挺好的，平常很少有人需要加班，工作白天非常饱和，而且团队精神挺强的，销售业绩也不错，有更好的休息和丰富的业余生活，才能更加全身心地投入工作。不过我还真不太习惯了。"

像这样的下班晚走现象在职场是很常见的，原因很多，可能是工作没有做完，也可能是为了加班给上司看，还有可能是为了多挣一些加班费。总结起来，大概有以下的几种情况：

①老板喜欢加班，大家理所当然地要跟着一起，要不然就会被看作工作不积极；

②很多白领觉得回家也很无聊，不如在办公室一起逗留；

③事情做不完，必须得抓紧时间做完才能下班；

④装样子给老板看，让老板觉得自己很积极；

⑤挣一些加班费。

其实，我们从上面这些理由可以看得出来，加班的理由并不是每一个都那么充分，完全有能力可以避免下班晚走的，但是现在这个通病却严重地存在着。下班了就应该准时走，每个人的生活都不是只由工作来构成，要会安排自己的其他时间。

南京晨报上就报道过说，丹凤街附近的一家外贸公司的经理就表示，公司并不欢迎下班后无所事事地耗在办公室，这不仅对工作的完成没有任何帮助，反而是对公司资源的一种浪费。而迈皋桥附近的一家生产电子产品的公司则明确规定，下班后逗留在办公室一定时间需要跟值班领导申请，无正当理由不予批准。

不过像这样的公司恐怕不多，想要下班以后准时回家，主要还是得看你自己，提高白天做事的效率，准时完成自己的事情，给自己一个准时下班的理由。重新评价一下你的生活，看看加班是不是让你的生活失去了更多？

超时工作是能力不强的表现，每周至少三天按时回家

据统计，美国受过高等教育的男性从业者中，有 31% 的人平均每周要工作 50 个小时以上，这一数字较 1988 年上升了 22%。有超过 40% 的美国成年人在非周末期间每天睡眠不足 7 个小时，这一比例与 2001 年相比上升了 31%；大约 60% 的美国人午餐经常匆匆而就，其中 1/3 的人午餐就是在办公桌上解决的。为了避免浪费时间，

大量美国人在上班路上用手机联系工作，在电话会议中收发 E-mail，早上 4 点钟爬起来跟欧洲联系……

超时工作正像流行病一样在美国的办公室中蔓延，而且大有向职场固有传统和惯例挑战之势。在过去的 25 年中，信息革命将生产率提高了近 70%，很多人想当然地认为既然我们可以在更短的时间内生产出更多更好的产品，那么我们的工作时间也可以由此缩短一些。但高科技的发展看来并没有节省人们的时间，南加利福尼亚大学教授沃伦·贝奈斯表示："我认识的每一个人都比以往更加努力地超时工作。"

在《台北晚九朝五》这部电影里，似乎只有一句话可以引起我们的共鸣："这个城市有 24 小时营业的电影院，24 小时营业的百货公司，24 小时营业的书局，24 小时营业的咖啡店，24 小时营业的 KTV，24 小时营业的理发厅，24 小时营业的洗衣店，24 小时营业的 Disco Pub。"还有 24 小时永不休止的职场竞争、没完没了的工作指令。

其实并不是美国有这样的现象，你随便看一看身边的人，上网搜寻一下，就会发现超时工作是很普遍的现象。但是，其实并非要这样才是工作积极的表现，更多时候显示的是你工作能力的不足，记住，要学会想办法至少一周三天按时回家。

不是经常说嘛，人要做到工作、学习、生活都不误了，那才真正是在生活。一个方面落下了，都会给你带来不好的结果，用"木桶原理"来说，最短的那个决定了生活的质量。只有几个相平衡的时候，才会相辅相成，互相促进。

香港文汇报报道，近日出台的一份中国首次 IT 女性报告指出，有 86.5% 的 IT 女性每天工作超过 8 小时，只有 16% 多一点能够做到家庭与事业间的平衡。据都市女报消息，近日在北京举办的中国首届 IT 女性年会发布了一份中国 IT 女性报告，首次解读了 IT 女性风光背后的艰辛。多数女性由于超时工作，不能顾及自身的问题，一般要晚结婚 4~7 年，工作的超时也给家庭带来了很多的危机。

有这样一个很经典的故事：一位父亲下班回到家很晚了，很累并有点烦，发现他 5 岁的儿子靠在门旁等他。"爸，我可以问你一个问题吗？""什么问题？""爸，你一小时可以赚多少钱？""我一小时赚 20 美元。""喔！"小孩低下了头，接着又问，"爸，可以借我 10 美元吗？""为什么，你已经有零用钱了还要？"父亲有些生气地问。"因为这之前我只有 10 美元，但我现在足够了。"小孩回答，"爸，我现在有 20 美元了，我可以向你买一个小时的时间吗？明天请早一点回家——我想和你一起吃晚餐。"

从这个小故事可以看得出来，超时工作给生活会带来意想不到的问题，一味想着可以加班加点地工作，有时候也造成了你正常上班时间的懒散，潜意识地觉得反正也要加班，超时工作是很正常的事情了，于是就会拖拖拉拉的，到了该完成的时候怎么也做不完。所以有时候，超时工作的罪魁祸首是自己。

此外，经常超时工作也表示没有放松歇息的时间，难有消遣娱乐的机会，令打工仔在工作期间积累的压力无从释放，继而诱发情绪病。

香港中文大学社区及家庭医学系教授余德新说，短期超时工作对人体的影响应可复原，但长期持续则会衍生很多问题。

而生活中还有一种人叫"彩虹族"，他们能在工作、生活中寻找最佳平衡点，每天生活都如彩虹般健康。他们工作、生活两不误，会有意识地为自己减压，注意均衡营养，主动抵制不健康食品；坚持锻炼……确保睡眠充足，坚持定期体检。

热爱工作是一项美德，但是，你要能够提高自己的效率，准时完成工作而不需要长期的超时工作，学会做"彩虹族"。

不要身躯在家里，大脑还在办公室

人为什么要回家？因为家是温暖的，是纯洁的，当我们在外面受到了委屈，上班有了压力，都想回家补充能量，驱逐疲惫。

家是什么，家是两个人一起吃饭、一起休憩、一起生活的地方，家是温馨的港湾。家能引来父母儿女关注的目光，家是在一起痴痴相恋经营爱情的小巢，家是遮风避雨阻挡狂风暴雨袭击的"防火墙"。

家是什么，家是能在遇到波涛汹涌的茫茫人海中可以停泊的地方，是在外面的世界受到了伤害能够安心疗伤的地方，是在勾心斗角世态炎凉中寻找到的温暖海洋，家是在海里漂泊累了可以停下来歇息的梦乡。

很多人赞美家，向往家，因为它真的是一个值得梦想的地方。只有保证了家的纯洁才能让家起到"避风港"的作用。

而现在的人，很多时候都有忙不完的事情，加完班回家了，还要把没有做完的事情带到家里去做，本来该好好休息享受的时候却还在想着办公室的计划，办公室内没有处理好的业务，休息不好，工作也不成。

工作就是工作，休息就是休息，这两个概念是绝不能混在一起的。如果你总是把它们混在一起，那么结果只能是工作没有效果，同时身心皆疲惫。现代社会，适应快速发展的科技步伐的同时，建议您把工作和休息分开，把回家作为这一分界点，千万不要身躯在家里，大脑还在办公室。

小陈最近心情很不好，因为妻子回家了还在工作：

"她好久都不回家吃晚饭了，最近她很忙，每天只有晚上 7~8 点甚至 10 点之后才能见到她。

然而每次见到她，她都给我介绍什么基金好，她和哪个老板见面了……

昨天晚上我担心了她一晚上，后来回来时已经 11 点了，我跑过去看她，她满嘴酒气地说着她一晚上发生的事，说完就去聊 QQ 了。

她说是挖掘潜在的客户。后来可能是感觉到什么，说要陪我一下结果连 10 秒都不到就又去聊 QQ 了。我问了她一句经理和她说什么了。她居然发火了，很不耐心地发火了。她越来越没有耐心了，除了对她的客户。她现在对工作兴趣正浓，应该好好鼓励她，但我希望她不要把工作带回家。毕竟我们每天见面的时间也只有晚上。她都忘了，我们在这里还有一个我们共同的家园，我们亲手建立起来的家。"

"如果你还想要自己的生活的话，就定一些规矩"，这是麦肯锡方法中的一条黄金建议。工作本身是生活的一部分——很重要的一部分。工作的时间经常被分成两种：一是 8 小时工作时间，二是没有明确的工作时间概念。现在来讲，第二种人居多，他们经常把工作带回家。如果问什么原因要把工作带回家？大概有两个重要原因：一是在单位工作总是干不完。二是习惯于不分上下班。尤其前者居多。

其实，这个问题更多反映的是两种对待工作和生活的态度。把工作带回家的人其实经常只是工作效率低下而已。

工作固然重要，可是我们可以尽量在单位完成，实在不能完成的可以等到第二天，我想我们不应该把这些再带回家，让家人也跟着我们一起牺牲休息的时间。毕竟一家人能在一起共享天伦之乐的时间不多，除了我们的工作日，还能剩下多少空闲呢？更何况，人人都有自己的工作，一天下来已经很辛苦了，为什么还要牺牲家人呢？不如自己在单位埋头苦干，一刻也不要停，这样我们就可以节省下时间，在工作之外的时间可以和家人一起做点想做的事了。

工作不是生活的全部，我们需要有自己的时间，自己的空间，自己的爱好。也需要有时间陪陪家人，和朋友坐坐。生活应该是多彩的。不过，要实现这样的工作和生活，需要努力工作，高效工作，然后才能享受生活。

不要因为工作而牺牲掉自己的全部业余爱好

当我问一些朋友："你们的业余爱好是什么啊？"没想到朋友的表情很惊奇，我不觉得这个问题有什么不妥，但是他们像看外星人一样看着我，慢慢地想了半天说："以前好像有过吧，现在都快忘记了，而且哪里有时间去发展自己的爱好啊，工作都忙不完！"

你是不是也是这样的人呢，想一下，除了工作之外你还有没有什么业余爱好呢？也许你曾经在篮球场上挥洒英姿，也许你曾经喜欢静静地读着莎士比亚，但是现在呢，有多久没做过这些了？

现在是不是只能幻想着过去的生活呢，过去的爱好因为自己的没有时间早不知道丢在哪里去了，篮球都蒙上了一层灰，书籍也堆在那里没有动过。

一名培训学校的老师，拥有一份很好的工作，但是一年后辞职了，他说：他自己现在无事一身轻，果然一点也不错。想想自己，在这一年中，日夜兼程抱着那一大堆的文稿忙得不可开交。业余爱好牺牲了不说，朋友聚会无缘也不说，可最终得到了什么？答案是：什么也没有。每当完成一个礼拜的任务，自己就好像散了架一样。想起常常熬夜伏案的背影，心里很不是滋味，然后一个响亮的声音在心底响起：我再也不干了！

现在终于可以不干了，以后再也不这样生活了，以前的生活总是轻松愉快的，要重新拾起自己的爱好，没有爱好的人就失去了自我，和大家都没有两样了。

而著名的京剧表演艺术家张建国在和网友聊天的时候有过这样的情况。

网友：请你谈一谈你的业余爱好？

张建国：我的业余爱好应该是很多，但因为没有时间，一是团里的工作比较忙，团里的演出都靠我来出去联系，我还要演戏，我还需要和琴师每天吊嗓子，还要演出，所以个人业余爱好的时间牺牲了，没有什么业余爱好，回到家里非常的劳累，躺在沙发上就能睡着了，所以没有业余爱好了。

从一般的人到企业家等都是这样，还能拥有个人业余爱好的人恐怕已经不多了，一个个都成了"工作狂"，完全放弃了自己的业余时间，一天 24 小时只有工作。

科学家研究发现，工作狂和酗酒一样，其实是病，现在很多人遭受这种病的困扰。如果从工作狂为生计而工作的观点看，他们这种疯狂的工作状态是可以理解的，但这种工作状态对心理、生理都没有好处，对家庭生活也没有好处。如果一人知道自己是工作狂，并且很清楚自己是在通过工作逃避生活的烦恼，那么工作狂是可以治愈的。用工作逃避生活的烦恼，不但不能解决问题，而且还会使病情进一步恶化，所以这种方法不可取。考核显示，尽管工作狂的工作量要比工作爱好者大得多，但工作效率和工作质量都明显不如后者。

居里夫人：下象棋；

马克思：逛书店、学外语、和孩子们游戏；

列宁：下棋、郊游；

毛泽东：游泳、写诗词、读书；

瞿秋白：练书法、金石雕刻；

鲁迅：赏花；

陈毅：下棋、写诗；

邓小平：打桥牌；

夏衍：集邮；

华罗庚：写诗填词；

廖承志：绘画；

钱三强：古典文学、唱歌、绘画、打乒乓球。

我相信这些名人每天的事情应该比你我要多吧，但是他们都有那么多的时间去发展自己的爱好，其实每个人的爱好不是对时间的浪费，而是一种陶冶情操的事情，同时也是一种休息，所以，这也是"劳逸结合"的一种好做法。

不要做"工作狂"，给自己一个放松的机会，找回自我，找回自己的业余爱好。

享受跟亲友共处的美好时光

多久没有和你的朋友好好坐下来聊聊心事了？是不是觉得仿佛昨天才分别的同学突然见到的时候已经为人父母了？知不知道你的父母现在在做什么，身体可好？你的孩子现在的朋友都是一些什么人？

这些问题你知道答案的有几个，我就不用再问更多的了。常常在书上看见很多小孩子都在抱怨，爸妈每天都很忙，早上没有时间给自己做早饭，晚上回家的时候家里也没有人，每天能得到的就是父母给的零花钱。本想周末的时候能和父母出去逛逛公园，可是爸妈总是不太耐烦，没有时间共同出游，即使答应了也没有实现过。

于是这些孩子觉得生活很无聊，每天出去就想交一些朋友，做一些事情来引起父母的注意，于是变得脾气暴躁，还有可能就这样和一些品行不端的社会青年混在一起。等到父母发现孩子问题的时候，已经堕落得很深了，而且自己还不知道孩子为什么会这样，只怪孩子不听话。问题就这样越来越严重。

还有一些人忙得无暇顾及父母，突然有一天听到消息说父母病危，这时候还很纳闷，觉得父母昨天不是还好好的吗，怎么会突然变成这样呢？殊不知，父母病了很久了，每次打电话的时候，总是说忙，过段时间再回去见父母，可是这个过段时间，一眨眼就是几个月或者是半年。

的确，有些人在外面叱咤风云，职场上绝对是权威，一把手。对工作兢兢业业，是事业上的成功者，让人敬佩不已。但是说到家庭朋友方面就不一样了，每次他都处理不好这些关系，总是扮演着失败者的角色。这让人很无奈，其实一个稳定的后方是前方作战的基础，如果祸起萧墙，那么一切都不好办了，难道不是这样吗？

1990 年《财星杂志》有一篇标题为"为什么评分得 A 的主管却是评分得 F 的父母"的封面故事；据观察，成功主管的子女比较可能发生情绪与健康问题。例如密歇根大学的一项研究发现，在同一家公司，主管的子女每年有 36% 接受精神异常或滥用药物的治疗，非主管的子女只有 15%。报告中又指出，主管长时间工作与个人特质（完美主义、没有耐心、讲求效率）是出现问题子女的首因，并忠告精力充沛、对人要求甚苛的管理者，需要学习如何不伤害子女的自尊与自信。

我们讲过，一个人必须将生活和工作的天平相平衡的时候，才能成为"彩虹族"，才不会被工作压垮。如果长期地向工作这边偏重，那么天平就会失衡，当严重失衡的时候，天平是会坏掉的。

有些人觉得和朋友、家人在一起纯粹是在浪费时间，其实不然，家是你的避风港，家人、朋友是你永远的支持者，对亲朋好友好一些绝对没有坏处，把你的时间分一些到和朋友、家人相处之中，既得到了放松，又给亲朋带来了愉悦，这一举几得的事情为什么不去做呢？

当你在外面受了委屈的时候，只有真正的亲友才不会落井下石，会给你真正的关怀；当你在工作中得到奖励的时候，只有真正的亲友才不会嫉妒中伤，为你感到真正的高兴；当你遇到麻烦事情的时候，只有真正的亲友才不会假装没看见，会想方设法为你拿主意。

陈红的一首"常回家看看"，唱得多好啊，"找点空闲找点时间／领着孩子常回家看看／带上笑容带上祝愿／陪同爱人常回家看看""妈妈准备了一些唠叨／爸爸张罗了一桌好饭／生活的烦恼跟妈妈说说／工作的事情向爸爸谈谈""常回家看看回家看看／哪怕帮妈妈刷刷筷子洗洗碗／老人不图儿女为家做多大贡献呀／一辈子不容易就图个团团圆圆。"

的确是这样，家人朋友不图你什么，只要能够得到你的关心，能够让大家共同感受你的甘苦，这就够了。亲朋好友是你事业的坚实后盾，是永远不会背叛的朋友，只要你需要，他们就会对你伸出双手，也需要你伸出双手来拥抱对方。

Chapter 09

在变化的世界里掌控时间和生活

　　忙碌并不是一件好事，充实不一定要有忙碌，从容间决胜于千里之外的人才是真正的大将之才！

　　人当有张有弛，才不会像过度绷紧的弹簧一样失去了弹性！

　　所以，重新审视你的生活价值，给自己准确的定位；不能做的事情就不要勉强，有挑选地去做，能给别人解决的就不要亲自来；实现自己的梦想，不要亏待自己的胃。

重新审视你的生活价值

　　每天都在匆匆忙忙地往前行，或许得到一点成就的时候觉得特别兴奋，觉得自己又往前进了一步了。可是忙碌的人啊，你究竟在忙碌中有没有丢失自己的人生，究竟还记不记得自己生活的价值是什么，自己生命的意义又在哪？

人们常常产生一种迷茫的感觉，尽管整日奔波劳作，似乎不管付出多么大的心血，都不能够改变什么，反而被这个坚硬的小城和焦灼的社会风气所改变，所以一度怀疑自己的价值。人生的价值是什么做的，你自己只有被别人利用的使用价值，而没有所谓的冠冕堂皇的"价值"。大部分人都是少数人手中的工具，工具有新有旧，有好有坏，有锋利有迟钝，人也是这样的，做事也有利索有缓慢，有精炼有拖拉，所以怀疑"价值"这个词在有些人可能"体现"出来，对大多数人来说也就没有价值。

人生的理想，比如真善美、活得崇高、活得有意义、精神上充实，这些基本的精神价值，是通过指导人生来实现的。在这些价值的指导下，人生会有一个高的品位、高的格调。所谓理想就是精神上的追求。人之所以为人，被称为万物之灵，是因为人有灵魂，有精神。这就是说人不只是活着，能吃好睡好，就这么过一辈子。

"我们不能只赞叹人类文化之伟大的成就，我们还须回到日常生活之世界。无论哲学家怎样想崇高的价值理想，我们日常生活之世界的支配者，还是饥饿、爱情、名誉、权位、金钱、实际政治、实际经济，那都不是什么价值理想，那是我们生活中必需的事物。"

但是你错了，当你真以价值的眼光去看世界时，世界只是价值之流行境界，一切人生事业，都依于价值之实现。你说的那些，其本质仍是实现一种价值，你仍当努力实现价值于其中。

每个人的生活都是有目的的，我们往往摆脱不了现实的束缚。在残酷的现实面前，我们往往选择了屈服或是做违背自己良心的事情，我们的内心其实是很痛苦的，但作出了无奈的选择，世界上不公平的事情很多，在你去选择的时候，人们已经对你的选择作出了评判，我们的选择要有利于社会，有利于人民，这样的选择才有价值。我们活着的价值不只是为了自己，那样的人生是很凄凉的。

记得顾城曾说："黑夜给了我一双黑色的眼睛，我却用它寻找光明，白昼给了我一双洁白的翅膀，我却用它探求夜的深邃。"的确，每一次生命都注定了它奋斗的目标和历程。无论如何，只要你活着就会有一个目标，我们还要学会珍惜与奋斗。

为自己制定一个目标而后去努力实现，这个目标必须基于社会的需要，人民的需要，要记住我们活着不是一个人的事情，虽然有很多不公平的事情但这个世界的整体现状是好的，我们要看到光明的一面，让自己更加乐观积极地对待生活。

人生活的价值不是为了自己，而是为了对得起养自己的人，对得起培育自己的人，对得起教育自己的人，不辜负他们的良苦用心。做个有益于社会的人，这才是生活的价值所在。

希望有朝一日，人人都生活在成功与健康之间，生活在快乐和和谐之间，生活在阳光和翠绿之间，生活在团结和友爱之间。

聪明地挑选该做的事

人一生要经历的事情太多了，但是俗语有云"一失足成千古恨"，那就是告诫我们做事的时候要小心，该做的事情才做，不该做的事情就不要去勉强了。

做好自己该做的事，才是人生的真谛。只有做好自己该做的事，人活着才有价值，这样的人生才是幸福的人生；只要做好了自己该做的事，人活着就有意义。

克里姆林宫的一位老清洁工曾说："我的工作同叶利钦的差不多，叶利钦是在收拾俄罗斯，我是在收拾克里姆林宫。每人做好自己该做的事。"虽然这些话听起来似乎很狂妄，但是这位清洁工和叶利钦都是挑选了自己能做的事情，并且把自己的事情做得很好，这就是意义，这就是价值。

每个人都只有短短的一生，如果你的选择是错误的，那么你要为自己的选择付出很大的代价，后来的修正也很不容易。所以，我们要聪明地学会挑选，把不应该做的事情早一些抛弃掉。

马云在谈自己做事策略的时候，说战略的根本问题不是简单地说你想做什么、你能做什么；而是你该做什么，你用什么来驱动。战略就是对很多机会说不，做你想做的事、想你该做的事，就这么简单。

比如小型网络公司，就不要去做大网站做的事情。不要去模仿大网站，应该去做大网站做不了的事情。做你最喜欢做的事情，做你最能做的事情，要成为大网络公司的补充部分。千万不要挑战大的网络公司。对创业者创业公司而言，只要有光芒的地方就可以走过去，做最愿意做、最想做、最容易做的公司，这样你就会有信心。

对人也是这样，不要虚度自己的年华，"人最宝贵的东西是生命，生命对于每个人只有一次。人的一生应该是这样度过：当他回首往事的时候，他不会因为虚度年华而悔恨，也不会因为碌碌无为而羞愧。"我们要为自己建功立业，在等你回首往事的时候，你不会因为碌碌无为而后悔，而是看见自己为理想奋斗终生的快乐。

在为自己目标奋斗的过程中，一定要选择自己该做的事情，并且全力以赴，这样就可以达到最后的目的。在这里简单地介绍几个职场上要注意的不该做的事情：

（1）工作时间不要与同事喋喋不休地闲聊或者不断地打私人电话等。

（2）不管老板在与不在都表现一致。

（3）不要贪图公司的财物。

（4）时刻坚守对现在服务公司的忠诚度。

（5）每天都用一种积极的态度、良好的心情去面对你的工作。

（6）记住任何工作都不是完全没有意义的，要知道，你所有的贡献与努力都是不会被永远忽略的。

（7）对于给上司的任何建议或报告，都不要敷衍了事。严谨、负责、用心是每个上司都喜欢的工作作风。

（8）不要看见功劳就想占为己有。

（9）永远不要当一个没有思想的应声虫。

（10）不要八卦地传播不确实的消息。

（11）不要拖拖拉拉，误了大家。

（12）不要做有违道德的事情。

做好自己的事情，挑选那些该做的，在你的工作和生活之间找准平衡点，把事业的发展作为家庭发展的基础，而家庭的稳定又是事业发展的前提，这样家庭事业两不误，何乐而不为。

不要做大家唾弃的事情，有违道德的事情不要去沾染，你即使成为不了一个伟大的人物，也不要去做一个卑鄙的人。

聪明的你，是不是选对了你该做的事情呢？

寻找能帮你解决生活琐事的代理机构

"一切的节约都是时间的节约"，马克思的这一经典之语，值得我们用一生去体会。

生活中很多事情都不是大事，但我们常常会为了这些琐事而烦恼，甚至会花掉自己大把的时间。你自己想一想，其实在每天的生活中，琐碎的事情占了你多少的时间，如果我们能够找到合适的代理机构来做这些事情，那么我们节约下来的时间可以做多少事情。

有人统计过，人的一生琐碎事情花掉的时间：

吃饭——6 年

排队——5 年

清洁房间——4 年

做饭——3 年

回电话——2 年

找东西——1 年

打开垃圾邮件——8 个月

等待红灯变成绿灯——6 个月

当然有一些是我们不可避免必须要做的，例如吃饭，但还有一些我们可以不用去做，我们可以把它委托给别人，节约一点时间做你的工作，和家人团聚，或者是休息。

你不见外面那么多的第三产业，他们都很发达，可以为忙忙碌碌的人们提供一份很好的服务，为你解决你没有时间去解决的琐碎事情。例如你没有时间去做饭的时候，你可以随便叫一个外卖或者到一家饭店去吃就可以，不用你再亲自去买菜、刷锅、做饭，你要做的就是劳累了一天的休息或者做你没有做完的事情。当你想要给自己的房间来个大扫除，但是又要回家去看看父母的时候，那你还是请个钟点工吧，她做出来的活儿可能比你自己做得还要好，而且你也有了时间回去看看父母……就是这样的琐事，其实解决的方法有很多。

不要觉得这是懒惰，当时间安排不过来的时候，你就要学会找这些代理来为你服务，这样做不仅使我们自己有了时间去做更加重要的事情，还为服务行业的发展带来了工作的机会。

厦门有个三洲跑腿服务公司，就是专门为人们做一些简单的跑腿事情的。

其主要服务内容为代购物票、代排队挂号，代接送货物、接送亲朋好友、代缴水电费以及各种其他费用。他们自己的口号是：无论事情大小，只要你需要跑腿的事情，我们都会急您所急、尽力贴心为您周到服务，为你节省时间，提高工作效率，帮你分忧解愁，做您工作生活中及时的好帮手，让你有更多的时间处理更重要的事。

的确，他们可以为很多人解决很多的事情，例如，他们在春节的时候会去帮别人排队买票，很多人在春节的时候特别忙碌，年底的交接等事情使人觉得分身乏术，可是还要去买票回家，在不方便网上购票时就得去车站、售票点买票了。买票的时候，排队有时一排就是好几个小时，根本没有这种时间，这个时候只要委托三洲公司，一切事情就可以解决了，何乐而不为呢？

当然，我们也不是宣扬那种奢侈的生活，什么都让别人干，而自己躺着睡大觉，我们说的只是在快节奏的生活中，这些琐事占用了我们太多的时间，我们没有办法去做更重要的事情了，因此我们才需要这种服务。当我们有的是时间的时候，有些事情还是可以自己做的。

人一天只有 24 个小时，在这 24 个小时内，我们应该把它利用得更有价值，让这短暂的时间发挥出它应有的效能。人是越来越忙碌，但是我们也要看到越忙碌的城市就越发达，因此，我们不要一味埋怨，这是社会进步的标志。

社会是个奇怪而神秘的集体，在这个集体中我们扮演着不同的角色，最终的目的是要完成社会向前发展这个大目标。所以，在生命过程中，多为自己的社会角色争取时间，同时也为别人的社会角色成就前提，共同来成就社会发展这个大角色。

我们要在社会的忙碌中学会怎样从容不迫的生活，为自己的角色找到一个轻松应付的方法，解决你的琐事就是一个很重要的事情。

吃有助于维持精力的健康食物

吃，是一个永恒的话题，每天都在吃，但是吃得不一定健康。有些人，上班时间紧，根本来不及吃饭，就更别说是有利于身体健康的食物了，每天的快餐就是一切，胃疼是经常的事情。

其实，我们的能量怎么来？我们不会像植物一样光合作用，那么我们可以做的就只有通过食物等来补充自己，给自己加油，让我们的身体运转正常。

别以为你只要吃饱了就 OK，食物的多少与合理与否不是一回事，现在都在讲究科学进餐，我们要通过食物来维持我们的精力，给自己的身体一个健康的保证。

吃东西的时候要注意：

定时定量。

少食多餐。

早餐不可少。

不可太饱。

不偏食，不节食。

多吃富含蛋白质和碳水化合物类食物。

减少脂肪摄取量。

少吃油炸食物。

多吃未加工的食物。

少吃糖，多吃高纤食物。

适量饮水。

口味不要太重，适量食盐。

下面是十八种需要经常食用的食品：

海苔——富含维生素 A、B1、B2，还有矿物质和纤维素，对调节体液的平衡裨益良多。

芝麻——提供人体所需的维生素 E、B1、钙质，其中的亚麻仁油酸，可去除附在血管壁上的胆固醇，食用前将芝麻磨成粉，或直接买芝麻糊。

香蕉——卡路里有点高，但可以当正餐吃，含有丰富的钾，脂肪与钠却很低。

苹果——含钙比一般水果丰富，有助代谢掉体内多余的盐。苹果酸可代谢热量，防止下半身肥胖。

红豆——其中石碱酸可增加肠胃蠕动，促进排尿，消除心脏肾脏病所引起的浮肿，纤维素可帮助排泄体内盐分脂肪等。

木瓜——木瓜里的蛋白分解酵素和番瓜素，可帮助分解脂肪，减少胃肠的工作量。

西瓜——西瓜利尿，盐分随尿排出，对膀胱炎、心脏病、肾脏病也具疗效，钾含量也不少。

蛋——维他命 A 能滑嫩肌肤，维他命 B2 可消除脂肪，磷、铁、维他命 B1 对去除下半身的赘肉，具有不可忽视的功效。

葡萄、柚——枸橼酸促进新陈代谢，卡路里低，含钾量是水果中的前几名。

芹菜——含有大量胶质碳酸钾钙，补充钙质，对心脏有益，易吸收。

菠菜——促进血液循环。

花生——有维生素 B2 国王的雅称，蛋白质含量高，是蛋白质不足造成的肝脏病患者的健康食物。含有人体所需多种氨基酸，常吃有助于提高记忆力。

猕猴桃——维生素 C 很多，纤维素含量丰富。

番茄——有利尿以及去酸痛的功效，长时间站立，可多吃番茄。尽量生吃，做成沙拉，榨成汁或直接吃都可以，经过烹饪后的番茄，营养会大量流失。

蜂蜜——早晨空腹吃一勺蜂蜜，安五脏，止痛消毒。

大蒜——有杀菌抗菌作用，有天然抗生素的美称。

红枣——营养丰富，含丰富的糖、维生素、矿物质。

姜——生姜能促进血液循环，帮助消化。

当然，我们也可以从另外一个角度来看需要补充的东西，β 胡萝卜素、维生素 B1、维生素 B2、维生素 B3、维生素 B12、维生素 C、维生素 E、微量元素等。

生活是一门学问，不要忽视它，饮食健康很重要，只有健康的生活习惯才能有健康的身体，离开垃圾食品，给自己的工作精力一个保障。

摆脱诱惑物：让你沉迷而导致时光虚度的事

人生，是一次诱惑之旅，每迈一步，诱惑都如影相随。

人生之路的每一个岔口，都飞舞着欲望的彩蝶，盛开着欲望的鲜花，点缀着欲望的浆果，流淌着欲望的溪水，斜挂着欲望的明月，回荡着欲望的靡音，闪烁着欲望的靓影……

但是，要记住，这些令你目眩的美，都是魔鬼的诱惑。

扫一眼就快走吧，因为往里去，你还会看到迷路者丢的盔，弃的甲，伏的尸，露的骨，飘的魂，留的悔！

不要去苛责蝶舞花香，也不要苛责溪水明月，更不要苛责靡音靓影，该受责备的，只是无尽的欲望。

在布满了诱惑的人生路上，拒绝了诱惑，你才能欢乐；拒绝了诱惑，你才能轻松；拒绝了诱惑，你才能高尚；拒绝了诱惑，你才能富有；拒绝了诱惑，你才能平安；拒绝了诱惑，你才有可能到达成功的终点。

人在社会上，要拒绝诱惑是很难的，古往今来，不知多少人在诱惑下一失足成千古恨。远的不说，只说近年来频频曝光的一些大案要案，当事人都因禁不住财与色的诱惑而入狱，轻者入狱若干月，重者人头落地。当初，因贪一时之欢或意外之财，就昏昏然，待梦醒时刻已是厄运降临，从这个角度看，拒绝诱惑无疑是拒绝犯罪，拒绝毁灭；拒绝诱惑，需要有一种超人的意志，面对诱惑，分明是心中所喜所爱之物，怎能忍心舍弃，正处青春年少的我们，面对社会上众多诱惑更是不知所措，一些社会恶习对我们都是一种挑战，要想战胜它，必然要经受一番磨炼，无论社会千变万化，我们都得时刻清醒地把握自己，只有这样，我们才能拒绝诱惑，拒绝自毁。

诱惑一词，仿佛自人类诞生以来就有。古希腊神话中宙斯变成美丽的牛诱惑了伊娥，潘多拉作为诱惑之礼被创造。还有最初的伊甸园中被蛇果诱惑的夏娃。

关于诱惑，人，往往很难守住自己。从褒姒一笑戏诸侯，到西子如何倾吴国，再到吕布董卓争风吃醋，这全是美色惹的祸；五百童女海外求仙，那是长生药对始皇的诱惑；王朝的覆灭，朝代的更迭，沙场的热血，无定河边的枯骨，朝歌夜弦，声色犬马，纸醉金迷……权力、金钱、美色、声名，诱惑无处不在。

面对诱惑，也有人升华了自己。首阳山上不食周粟的伯夷，功成身退浪迹天涯的范蠡，采菊东篱下的陶潜。高歌"安能摧眉折腰事权贵"的诗仙太白，悲吟"吾庐独破受冻死亦足"的草堂杜甫，以及在他们千年之后的"横眉冷对千夫指"的鲁迅先生，拒绝美援面粉的朱自清，有民族气节蓄须明志的梅兰芳……他们，对诱惑的美丽，淡然一笑，置之不理。

佛语有言曰：空即是色，色即是空。主张一切虚无，超脱生死。

天长等世事，化云烟；地久待沧海，变桑田。人生不过是百代的过客，匆匆地来，匆匆地走。你的时间只有这么短，但也就在这样短的时间里，你依然陷在各种诱惑之中。诱惑由时间带来，由时间带走。一个人走到生命尽头时，才会看清所有的东西都只是一场诱惑，到如今也只剩下一阵烟，一片尘。

面对诱惑，仁人志士用轻生死、重义节的人生态度，在历史的墓碑上刻下了自己；而魑魅魍魉之人，却是以戚戚之情，龌龊之态，在历史的风尘中吹散了自己。

历史证明，抗拒了诱惑的人是伟大的、为人敬仰的人。

我们尊敬他们，把诱惑放一旁吧。

种种诱惑其本质都是相似的，而抵制诱惑的方法也是相同的，如果你正确树立了自己的理想和人生目标，如果你的意志坚强并能战胜自己，那么你就一定能够成功地抵制各种不良的诱惑。

可是，比方你现在只要条件允许，你还会去玩网络聊天，比方你现在会经常和同事和朋友在一起喝酒吃饭聊天、醉酒、打牌、深夜不睡，而这些活动很频繁，也没有意义，这些你都需要慢慢地去改变。

"外面的世界很精彩"，在精彩的世界不要迷失自己，睁大自己的双眼，继续前行，不要选错了路，不要沉迷于诱惑之中。

专注当下：专心地做好目前最应做好的事

专注当下就是要活在当下，做好现在要做的事情，不要活在过去之中，也不要活在幻想的未来里。

活在当下是一种全身心地投入人生的生活方式。当你活在当下，而没有过去拖在你后面，也没有未来拉着你往前时，你全部的能量都集中在这一刻，生命也因此具有一种强烈的张力。

大多数的人都无法专注于"现在"，他们总是若有所想，心不在焉，想着明天、明年甚至下半辈子的事。有人说"我明年要赚得更多"，有人说"我以后要换更大的房子"，有人说"我打算找更好的工作"。但是，仅仅是在对未来的幻想之中而已，一味去幻想，现在的时间就浪费了，现在的事情都做不好，怎么能为将来的发展奠定基础？

有个小和尚，每天早上负责清扫寺院里的落叶。

清晨起床扫落叶实在是一件苦差事，尤其在秋冬之际，每一次起风时，树叶总随风飞舞。每天早上都需要花费许多时间才能清扫干净，这让小和尚头痛不已。他一直想要找个好办法让自己轻松些。

后来有个和尚跟他说："你在明天打扫之前先用力摇树，把落叶统统摇下来，后天就可以不用扫落叶了。"小和尚觉得这是个好办法，于是隔天他起了个大早，使劲地猛摇树，这样他就可以把今天跟明天的落叶一次扫干净了。一整天小和尚都非常开心。

第二天，小和尚到院子里一看，他不禁傻眼了。院子里如往日一样满地落叶。老和尚走了过来，对小和尚说："傻孩子，无论你今天怎么用力，明天的落叶还是会飘下来"。小和尚终于明白了，世上有很多事是无法提前去做，唯有认真地活在当下，才是最真实的人生态度。

库里希坡斯曾说："过去与未来并不是'存在'的东西，而是'存在过'和'可能存在'的东西。唯一'存在'的是现在。"

智者常劝世人要"活在当下"。到底什么叫作"当下"？简单点说，"当下"指的就是：你现在正在做的事、待的地方、周围一起工作和生活的人；"活在当下"就是要你把关注的焦点集中在这些人、事、物上面，全心全意认真去接纳、品尝、投入和体验这一切。你可能会说："这有什么难的？我不是一直都活着并与它们为伍吗？"话是不错，问题是，你是不是一直活得很匆忙，不论是吃饭、走路、睡觉、娱乐，你总是没什么耐性，急着想赶赴下一个目标？因为，你觉得还有更伟大的志向正等着你去完成，你不能把多余的时间浪费在"现在"这些事情上面。

"当下"给你一个深潜入生命之水中或是高高地飞进生命天空的机会。但是在两边都有危险——"过去"和"未来"是人类语言里最危险的两个词。生活在过去和未来之间的当下就好像走在一条绳索上，在它的两边都有危险。但是一旦你尝到了"当下"这个片刻的甜蜜，你就不会去顾虑那些危险；一旦你跟生命保持了同一步调，其他的就无关紧要了。对你而言，生命就是一切。

当你专注于所有的力量于一瞬间，那你的力量才是巨大的。心无旁骛，才能做到最好，尽全力去做，后果不是做的时候应该考虑的。专注于一刻，就是当你做这件事时，别计划着另一件事；而当你计划着这件事时，也别做别的事。不管你想或做什么，就好好地把焦点放在你想或所做的事情上。当你和人们谈话的时候，就一心一意地谈话；当你工作的时候，就把心思放在手边的工作上。

当然活在当下也不能忘却心存高远，这并不是矛盾的。活在当下者都是为了高远的目标而奋斗者，并不是说安于现状，不思进取的意思。不思进取者只会庸庸碌碌地做着没有意义的事情，没有目标、没有雄心。而"专注于当下"者，那是有自己目标的人，他们都有自己的计划，都在为了计划而努力，一心一意做着当下要做的事，不分心，不三心二意。

所以，要专注于当下，活在当下。

实现你因"没时间"而一直推迟的梦想

小时候老师教我们写作文，写我们的梦想是什么。年少的时候总是梦想着自己成为育人的教师、成为骄傲的科学家……想着要像陶渊明一样过隐居生活、要像那些徒步旅行的人一样周游全国、像超人一样拯救人类……

可是，慢慢地，我们发现自己的梦想有时候太幼稚，是不可实现的。但是，很多时候，我们有些梦想是可以实现的，更多的人是因为"没时间"而推迟着自己的梦想，甚至到最后再也没有精力去做实现梦想的事情了。

现实总是很残酷的，我们想要做的事情，因为没有足够的金钱，或者家人的不许可或者很多别的原因，而导致后来的生活和心理的梦想脱节了。于是再也不曾把这梦想记在心里，做着生活中现实的事情，偶然有一天想起来了，只好摇摇头，觉得是那么的遥远。其实，我们大可不必如此，我们只要对自己的梦想还有所期盼，有所追求，这份信念还在，还想要实现这个梦想，那么我们就可以去实现它。

没有不可实现的梦想，只要我们去追求。因此，不管在什么时候，我们都要记住，我们还有梦想没有实现，我们没有老，我们还有梦想。抓住时间，尽量去做自己喜欢做的事情，去做有利于实现我们梦想的事情。

我们说过，任何一个目标都是需要计划来支撑的，如果还想要实现自己的梦想，就要为自己的生活定下一个确定的计划，具体怎么做，时间怎么安排。为自己的目标需要做什么样的准备，什么样的事情还要去做，都要一个一个精打细算。

是否要去做其实都是自己决定的，自主权在我们自己的手里，赶快在你繁忙的生活中腾出一些时间去做你梦想的事情。

小林是学校的女强人，做着管理工作，让人非常羡慕，但是她的梦想却是做一个孩子王，一直都想。

她一路辛苦念书、高考、读大学……多少次在迷茫中错过了选择师范专业的机会，但是在 2007 年 3 月 1 日的晚上，她决定去实现自己最初的梦想，去学学前教育，成为她小姨一样优秀的孩子王！她很小的时候是由小姨带着的，小姨上班她上学，小姨下班她也放学，小孩子的心就是这样单纯——长大后要做老师，像小姨一样！

实现最初的梦想！她也怀疑过，读到本科，读的又是信管，自己又在念会计，在考证，值与不值？在很多人的眼中，也许她还是个女强人，最辉煌的时候同时身任校团委组织部部长、信息学院办公室主任、团委书记助理，忙的时候一个头两个大，寝室里是经常老早出去一直扣准关门的时候才回来，有时候甚至只能爬窗进来，可笑的是很多人是玩疯了才爬窗回来，而她差不多都是因为工作才只能爬窗进寝室！说不累不辛苦那都是假的，有段时间连做梦都是在工作，整个神经都是绷紧的。

这个时候她想要实现儿时梦想的愿望就更强烈了，最后她决定，放弃一些工作，其实没有必要在这个工作上这么卖力的，自己并不喜欢。而且她现在的梦想已经正在实现中。

有些东西我们不用放弃也可以实现，不用像小林一样必须舍弃某些东西才能实现。生活中有很多梦想是很容易就可以办到的，只是你觉得没有时间。有一些小的愿望，只要我们拿出一点空闲就可以了，比如说，有人想去游乐园玩，可就是从来没有去过，这样的梦想害怕没有时间吗？

当然，对于我们的爱好，等我们有了一定的实力，就更容易实现了。有一个我们熟悉的人物，那就是我国知名的蛋糕店"好利来"老板罗红。他就是一位不忘梦想的人。曾经读过罗红的故事，他是一个爱好摄影的人，不过他知道没有坚实的经济基础是没办法完成自己的梦想的，所以他从学做蛋糕起家，从白手起家到现在的十个亿，罗红用自己的努力换来了成功。事业稳定后，他不忘自己最初的梦想，毅然地扛起相机，踏上了寻梦之路。最近的两三年间，罗红多次驱车到非洲肯尼亚、坦桑尼亚等地，追寻不同于国内的特殊影像。他的摄影作品也得到了观众们的肯定。

人，首先要会生活，才有梦想。但是不要被生活占去了全部，要像罗红一样，当有能力实现自己梦想的时候，不要拿没有时间来作借口，否则，你一辈子都只是在做梦而已。

生活简单也是一种享受

看见一个朋友的 QQ 上写着"简单生活简单爱"，现在的人，认为简单成为了一种新时尚，简单就是美。

简单生活，就是一种时尚轻松不麻烦的生活，朴素、低科技、充满灵性的生活。这是一种有目的的生活，保证有时间做自己想做的事。对自身、对环境保持真实的生活。简单生活的倡导者、被誉为"21 世纪新生活的导师"的珍妮特·吕尔斯认为，简单生活，并不意味着是贫苦、简陋的生活，它是经过深思熟虑之后，呈现真实自我，过上目标明确的生活，是一种丰富、健康、和谐、悠闲的生活……

《美国时代周刊》上说：我们忙着追求更新、更快、更好生活的同时，却往往忽略了生命最基本的渴求，一个更宁静、更温柔、更甜美、更祥和的世界。简单生活如今已不再是空洞无物、闲谈无味的书本理论了，它作为 21 世纪新的生活方式，正开始贯穿于美国人的日常家居生活中，使我们的生活越来越健康纯净、简朴有序。

很多人认为生活越丰富越好。诚然，丰富是一种美，但是太丰富的生活总让人疲倦，让人累。把简单当作单调是错误的，单调是一种枯燥的重复，简单是摒弃复杂，还原生活本质，在最单纯的时间做最简单实在的事情。简单不是无为。其实很多成功人士的生活简单，但绝对不是无为。他们只是省却了许多复杂无谓的事情，去做更喜欢、更值得他们奋斗的事业。就像拥有无数财富的李嘉诚先生，据说他的午餐也只是在写字楼里吃炒粉青菜汤，并且觉得这种生活是一种幸福。简单不是空虚。也许有人会觉得简单的生活会空虚无聊。其实简单不是无所为，听歌看碟做饭都是生活，并且都是简单生活。而且这种简单制造了一个轻松自由的空间，使心灵得到充实。

简单生活的最主要特征是"悠闲"。在现实生活中我们被太多的物欲驱使着——豪华的房子、尽可能多的金钱、漂亮的女人、体面的男人、出人头地的子女……随波逐流的追逐使我们精疲力竭，太多的追求使我们失去了心灵的自由。我们没有时间问自己这一切是为了什么，我们真的需要这些吗？还是孩子气的逞强好胜？

某种舒适的享受是必要的。我们需要有生存所不可缺少的衣、食、住、行，我们需要有酬或无酬的工作。作为人，我们不能一无所有，我们需要一定程度的对美和美的事物的追求。但我们往往不知适可而止，我们显得饕餮不足。随之便陷入了债务、劳累和新出现的困境，使我们因此失去了生活的激情。

简单生活之一，就是对频繁交际说不。现代都市人很少有下班就准点回家的。这与现代社会密集高速的社会环境和压力有关。下班后的应酬聚会非常耗费时间和精力，用于交际往来的金钱数量也相当可观，这些工作给人留下的是平白的操劳和精力的透支。按自己喜欢的方式去生活。比如，下班后一个人回到家，洗一个舒服的热水澡，然后坐在沙发上，听着音乐，看杂志。幸福的生活可以很简单，不需要华丽的物质，只需要有自己喜欢的人、有自己喜欢的东西即可，享受生活并不等于享受物质，重要的是要了解自己的真实需要。

简单生活之二，就是下班生活不插电。"呼机、手机、商务通"带来了通讯的便捷，也成了束缚人的锁链，很多白领不得不把自己的神经吊在可能突然炸响的紧张之中。当然也有人开始反抗了，不少人一下班就关掉手机、呼机，把自己隔绝在现代化之外。

简单生活之三，抛弃繁琐的讲究。其实简单的衣、食、住、行是减压的最好办法，简单的T恤牛仔、棉布衣裤舒适大方、动作自如；

几样家常蔬菜、一碗蛋花汤，色香味俱佳而且营养丰富；新鲜的饭后水果、规律的生活作息以及充足的睡眠都是美容的根本，化妆品界回归的国货风潮很有道理，健康的生活加一些最质朴的护肤品，走的就是美丽最有效的捷径；散步与打球都是最朴素最有益的运动，只要舍弃一些无关的聚会，这样的安排是再合理不过的；婚礼节日，用一次新鲜的旅行取代满堂宾客的觥筹交错，激情和幸福会像泉水一样源源而生。

生活简单也是一种美，让你轻松愉快，在繁重的工作之后，不用再为其他的比拼而伤神，做到这一点，我们就是在享受生活。